戦国武将の収支決算書

信長は本当に革命児だったのか

跡部蛮
atobe ban

ビジネス社

はじめに

　これまで一般書として刊行されている戦国時代モノの多くは、主に政治史の観点から書かれたものといえる。

　しかし政治史で革命児としてもてはやされる織田信長も社会経済史的にみると、〝やや革新的〟という位置付けに過ぎず、とくに本拠地である尾張（愛知県西部）においては、中世そのままの土地支配体制を敷いていた。かたや、政治史で暗愚とされている信長の次男信雄《のぶかつ》は信長の死後、清洲会議で尾張の支配を任せられるが、社会経済史からみると、意外に進歩的な政策をとっていることがわかる。

　一方、戦国武将や大名たちの「所領」とは何なのか――そう質問されて、咄嗟《とっさ》に正確な答えを出せない人もいるのではなかろうか。筆者もかつてはそうだった。同じくテレビドラマなどでは「知行高《ちぎょうだか》」や「石高《こくだか》」という用語もごく普通に使われている。合戦で一〇〇〇石の知行高を加増された戦国武将と妻の会話を再現してみよう。

武将「今日からわしも一〇〇〇石の身代となった。もっと大勢の家臣を募らねばならぬな」
妻「だんな様、それはおめでとうございます。でも、一〇〇〇石そのままが、だんな様の収入になるわけではないでしょう」
武将「それはそうだ。〝あの者たち〟のことを申しているのであろう?」
妻「そうです。〝あの者たち〟のことです」

〝あの者たち〟というのはいったい何者なのか。

戦国大名の経済力を示すとされる石高もしかり。一石（約一八〇リットル＝約一五〇キログラム）は一〇斗《と》で、一斗は一〇升。さらに一升が一〇合である。ただ、売上高一兆円の企業といわれたらピンとくるものの、加賀百万石と聞かされても、実際に前田家がどのくらいの経済力を持っていたのか、はたまた、その台所事情がどうだったのかはよくわからない。

では、その大名や武将たちの台所事情を探るために必要な、企業帳簿のような書類が戦国時代に残っているのだろうか。

知っているようで知らない——社会経済史から戦国時代を眺めてみると、常識だと思っていることが間違いだったり、意外に知らなかったりするケースもあろう。

もっというと、社会経済史の視点からとらえ直すことにより、政治史で謎とされてきた事件の解明にも繋がる。

たとえば、豊臣秀吉の時代に一流の文化人として名を馳せながら、秀吉から死をたまわった茶人・千利休《せんのりきゅう》の切腹事件。じつに謎の多い事件だ。いまだ決定的な真相は明らかにされておらず、諸説飛び交う状況にある。

先日筆者は、ある歴史ファンから、こんな説をたまわった。

「茶室はある意味、密室。そこで利休は豊臣政権の諸侯（大名）に豊臣家内部の情報を洩《も》らしていたのではないですか。いまの流行言葉でいうと、機密情報の漏えいですよ。つまり、利休は反豊臣勢力のスパイだったわけです。だから秀吉に処罰されたんですよ」

突拍子もない説だとは思いつつ、なるほど……と思わないでもなかった。ことほどさように、諸説、百花繚乱《りょうらん》の趣がある。

だが、ほとんどの説が政治史的（一部、文化史的な側面を含めた説もあるが……）に理解しようとするものばかり。では、そこに社会経済史的なスパイスを加えたらどうなるか。本稿では、その方法論にもチャレンジしている。

しかし、社会経済史的な話はともすると、その用語とともに、話が専門的かつ難しくな

りがち。そこで、その弱点を補うため、ところどころ、現代の企業社会と対比させていただいている。当時の歴史を現代に投影させることはナンセンスだという批判があるのも承知しているが、あくまで、より身近な問題として納得してもらうための手法だとご理解いただきたい。

なお、社会経済史的な観点のみならず、戦国史上有名な合戦や事件について、政治的な新解釈なども加えさせていただいた。読み物として読破いただければ、筆者として、それ以上の歓びはない。

著者

序章

第1章 戦国時代の台所事情

「共和国」まで築いた地侍たちの実力

革命だった「太閤検地」の謎

第2章
本当に「織田信長」は革命児だったのか？

信長は革命家だったのか？

第3章

戦国武将の「お家の経営」ノウハウ

終章

戦国大名たちの増収作戦

家臣の「所領売買」への対応策

序章

そもそも所領《しょりょう》とは何か?

「所領」という言葉がある。これまでの戦国時代モノを読むと、ごく当たり前のように使われている。

しかし、辞書の『大辞林』(第三版)をひもといても、

「領有している土地。領地」

と、ごく簡単に記されているだけである。

それでは、「領」とは何なのだろう。ここでまた、新たな疑問につきあたる。服飾用語で、首を取り囲むところに取り付けられた部分を「領」というから、首根っ子を押さえるというような意味があるのではなかろうか。したがって、「領有」とは、土地の首根っこを押さえるような所有の形態ということになろう。より簡単にいうと、土地にとって、もっとも重要な所有者という意味である。

戦国時代、年貢を徴収する者がもっとも重要な所有者であり、だからこそ彼らは「領主」と呼ばれる。

なぜこのように当たり前の話をくどくど書いているのかといえば、戦国時代、同じ一段《たん》

（約三三〇坪）の土地に、その占有者が複数いたからである。「占有者」についてまたぞろ辞書をひもとくと、「その土地やものを自分のものとして保持している者」となる。

現代社会でも一時、「占有屋」という言葉がマスコミを賑わしたことがあった。たとえば、個人が住宅ローンを組んでマンションを購入した場合、ローンが返済不能に陥ると、住宅資金を融資した銀行などが競売《けいばい》を申し立てることになる。しかし、銀行より抵当《ていとう》順位が低い債権者（暴力団系の金融業者ら）は、競売がおこなわれて新しい所有者（競売による落札者）からの買い付け代金が入ったとしても、第一抵当権者の銀行などから優先的に配分されるため、わずかな金額しか回収できない。そこで占有屋をマンションへ送りこみ、競売を妨害しようとするのである。

この場合、占有屋もマンションを「自分のものとして保持している者」であり、住宅ローンを組んでマンションを購入した個人も、その個人に融資した銀行も、落札によって権利関係が明確にならない限り、やはり、「自分のものとして保持している者」となる。

つまり、同じマンションの一室をめぐり、占有屋・個人・銀行と三人の占有者がいることになる。

戦国時代も、同じ土地におおむね三人の占有者がいたとされている。領主的占有者・地主的占有者・農民的占有者――の三者である。

農民的占有とはいうまでもなく、農地を耕作する農民、つまり百姓らの耕作権をいう。実際に農地を耕作して米や作物を生産するのは彼らであり、いわば耕作権という土地の権利をもっていることになる。地主的占有者については本文中で詳しく説明させていただくとして、領主的占有者が一般的に使われる領主であり、信長やその家臣も領主である。

永禄二年（一五五九）、その信長が尾張の平定を成し遂げる。もともと尾張下四郡《しもよんぐん》の守護代の、さらに奉行でしかなかった信長（当時は那古野《なごや》城主）が尾張下郡の守護代織田信友《のぶとも》をほうむり、清洲《きよす》城を奪ったのが天文二十三年（一五五四）。政治史的にはこれをもって尾張半国の平定といい、次いで、前述した永禄二年に信長は尾張上四郡《かみよんぐん》の岩倉城を攻め、上郡の守護代織田信賢《のぶかた》が信長に城を明け渡す。

こうして信長は尾張を平定したというが、それはあくまで政治史的に信長が事実上の尾張の国主になったというに過ぎない。その二年後、信長は尾張国内の土地の洗い直しをおこなっており、社会経済史的にいうと、信長が尾張を領国とするのは政治史の基準よりかなり遅れる。

たとえば、信長が世間を驚かすことになる桶狭間の合戦。これは、政治史で信長が尾張を統一したとする翌年におこなわれている。

尾張一国の動員兵力を考えると、信長が尾張を平定していれば、このとき少なくとも一万余の兵を動員できたはずだ。ところが、『信長公記』などから推すと、信長はおよそ四〇〇〇の兵しか動かしていない。これだけの数で三万とも四万とも号す今川義元の大軍を打ち破ったがため、信長の名が一躍、戦国の世に広まったわけだが、政治史でいうように信長が尾張一国を平定していたら、「一万対三万」の兵力差となり、世間の評価もまた変わっていたはずだ。

また桶狭間の合戦の翌年（永禄四年）、信長は、尾張の国主として仰いでいた守護斯波義銀《しばよしかね》を清洲から追放している。逆にいうと、永禄四年までは尾張の盟主として守護斯波家の権威が必要だったことになり、永禄四年に尾張一国の平定を成し遂げたからこそ、もはや、義銀を守護として仰ぐ必要がなくなったといえよう。

しかも信長が尾張を平定したといっても直轄領を除き、ほとんどが家臣の所領であった。信長は新たに尾張上郡を支配するにあたり、美濃（岐阜県）との国境付近に居城する吉村氏吉《うじよし》を家臣として迎え、所領を安堵している。氏吉にとって所領を安堵してもらうことは信長の家臣になることを意味し、信長も氏吉の所領を安堵して初めて彼を織田家の家臣にしたことになる。ただ氏吉の所領である松ノ木村の百姓にとって、領主はあくまで吉村家。

百姓A「こんど、ご領主様（氏吉）が下郡の上総介《かずさのすけ》様（信長）のご支配をお受けなされるようなったと聞くぞ……」

百姓B「そのようじゃのう。まあわしら、百姓にとって変わりはないがのう」

松ノ木村では、こんな会話がかわされていたかもしれない。近代社会において、国境線を定めると同時にそのすべてに主権が及ぶという状況とはむろん異なる。戦国大名たちはそういう領民の意識を変えるためにも、あの手この手で領国支配を強化しようとした。

このように所領という言葉をつきつめていくだけでも、だいぶ戦国時代の景色はちがってみえてくるのではなかろうか。

第1章

戦国時代の台所事情

戦国時代の「登記簿謄本」

時代の謎を解くキーワード

よく中世の社会は複雑だといわれる。これまで、一般書で本稿のテーマがほとんど取り扱われなかった理由がそこにある。

しかしそれは、複雑な社会を読み解くためのツールを見落としていたからだ。戦国時代の社会を読み解くキーワードであり、有効なツールといえる「売券」の存在である。

本章では、その売券から戦国時代の社会、ひいては戦国大名や戦国武将たちの台所事情をひも解いていきたい。

「ばいけん」とも「うりけん」とも読むが、専門家の間では「ばいけん」と呼ぶ。

Aという人がBという人に土地を売る場合の証文のこと。Aが金銭や米で土地をBへ売った際、売り主（A）か、あるいは買い主（B）が作成する。そして、買い主（B）が現代でいう「(土地の)権利証」の代わりに、大切に保管すべき性格の証文、それが売券である。

たとえば天正十三年(1585)、豊臣秀吉が紀北(和歌山県北部)と泉南(大阪府南部)の〝地侍《じざむらい》共和国〟(63ページで詳述)を滅ぼした際、共和国の構成員の屋敷が秀吉の軍勢に焼き払われた。中盛吉《なかもりよし》という地侍もその一人だ。そのとき、大切に保管していた売券もすべて焼き払われた。そこで彼は六人の祐筆《ゆうひつ》(※1)に頼み、記憶をたどって、それまでの売券を大慌てで復元したとされる(藤田達生著『日本中・近世移行期の地域構造』)。

なにしろ現代のように、個人の土地の権利を証明してくれる登記簿《とうきぼ》もなければ、登記簿を管理する法務局も存在しない時代である。自分の権利は自分で証明するしかない。

売券とはそういう証文だが、それだけに売券にはさまざまな情報が書かれている。

土地の売買は支配層のみならず、一般の民衆の間でもおこなわれており、ほとんど歴史の表舞台に現われない民衆も売券には登場する。売り主および買い主が「ヲヨメ」「ヲトク」という未亡人だったり、「ナワテ太三郎」、「シリヤ左近」など、いまなら〝珍名《あだな》さん〟として通用しそうな人々、さらには「ヒゲ(髭)左近」という、名前なのか渾名なのかわからない民衆たちも土地を売ったり、買ったりしたりしている。

また売券には「手継証文《てつぎしょうもん》」が付属するケースもあり、土地の権利者(所有者)が代わるたびに一枚の紙（売券）に証文を継ぎ足し、売り主から買い主へと引き継がれていく。つまり、売券をみると、「A→B」のみならず、「A→B→C→D……」などと、過去にどんな人が土地の所有者だったのかという情報もガラス張りになる。

その意味でいうと、登記簿謄本《とうほん》に似ているかもしれない。不動産（土地と建物）を取得した場合に法務局へ不動産登記をおこなうことになるが、その権利関係を記載した書類が土地の登記簿。謄本はその全部事項証明書である。

また、売券には、売買がおこなわれた際の売買金額や土地の住所も記されており、その土地の地価の相場というのがわかるようになっている。

ちなみに住所は、売券に「江州坂田北郡楞厳院《りょうごんいん》庄之内八條五里一坪」などと記される。江州は近江国（滋賀県）。坂田北郡はいまの長浜市一帯。楞厳院庄は荘園《しょうえん》（寺社や権門公卿らの私領）の名称で、現在の長浜市小堀町およびその周辺にあったと考えられる。次の八條五里一坪は条里制（※2）の区割りにもとづき、具体的な土地の場所を示している。現代の住所表示風に言い換えると、「滋賀県長浜市小堀町八―五―一」となろう。

こうして特定の土地の過去の所有者が一目瞭然でわかるのだから、戦国時代に不動産業者がいたら（実際に存在するのだが、それはまた別の機会に述べたい）、喉《のど》から手が出るくらい、手継証文付の売券を欲しがるにちがいない。

——と、以上はあくまで余談である。売券についてご理解していただくために、少し回り道した。

ここからは、本稿で必要な情報について述べていきたい。

先にあげた「江州坂田北郡楞厳院庄之内八條五里一坪」の例でみていこう。

土地の持ち主は、小堀直忠《こぼりなおただ》。近江国北坂田郡小堀村（長浜市）の地侍だ。北坂田郡小谷《おだに》城（同）に拠《よ》る浅井《あざい》家が台頭して北近江守護の六角家をしのぐようになると、浅井家に仕えたと考えられる。

浅井家はいうまでもなく、その後、織田信長の妹お市の嫁ぎ先となるものの、浅井長政《ながまさ》（お市の夫）が信長を裏切り、長政は小谷城で自刃して果てる。そのおり、お市と長政の娘三人（茶々《ちゃちゃ》・初《はつ》・江《ごう》）が猛火の中、助け出される話は有名だ（ただし、このうち三女の江はお市のお腹の中にいて、このときまだ生まれていなかったという説もある）。

一方、十五世紀末の直忠から時代は下り、小堀正次《まさつぐ》の時代になって浅井氏は滅亡。その後、正次は、羽柴秀吉（当時）の弟秀長に仕えた。秀長とその跡取である秀保《ひでやす》が亡くなった以降は、秀吉の直臣《じきしん》となり、関ヶ原の合戦以後、徳川家康に仕える。正次の嫡男政一《まさかず》は

関ヶ原の徳川家康陣跡

従《じゅう》五《ご》位《い》下《のげ》遠江守《とおとおみのかみ》に叙任される。多くの庭作りを手がけ、作庭の名人といわれる小堀遠州その人である。遠州はまた、近江小室《こむろ》藩（長浜市）の藩祖となる人物である。

さて、その小堀一族の直忠が長浜市小堀町の「八條五里一坪」に持っていた土地の面積は一段《たん》（反）。一〇段が一町《ちょう》（およそ一ヘクタール＝一万平方メートル）だから、一段は約一〇〇〇平方メートル、約三三〇坪の面積となる。

それだけの土地（田地）からどれだけのコメが生産できるのだろうか。もともとこの時代はコメ本位制。通貨も流通しているが、基本的にコメが通貨の機能を果たしている時代であった。

農地経営の純利益

じつをいうと、さすがの売券も土地の生産力、つまりその土地からどのくらいコメが獲れるのかまでは記載していない。企業社会でいう売上高がわからないのだ。しかし、売り上げから経費を差し引いた純利益は書かれている。

それについて触れる前に、農地経営（コメ生産）の経費について考えてみたい。

江戸時代の史料になるが、『地方凡例録《じかたはんれいろく》』という農地経営の解説書に、具体的な必要経費が記されている。

モデルとなった農家の「勘定」の例を列挙すると、「馬四匹　荒耰《こうう》より植付《うえつけ》まで　三度掻《かき》ならし手間」、「干鰯《ほしか》ふすまの類」「肥大豆」「人夫《にんぷ》廿六（二六）人　稲跡畝《うね》ひ蒔付《まきつけ》まで」「水肥《すいひ》并《ならび》に雑肥《ざっぴ》五拾（五〇）駄《だ》程」などである（大石慎三郎校訂『地方凡例録』）。

耰には「ならす」という意味があり、「荒耰より植付まで掻ならし手間」は、収穫後、次の年の田植えまでに土地を耕やすことをいう。そのために必要な馬四匹をまず経費として計上している。それから、鰯を干して乾燥させた肥料のほか、肥大豆や雑肥、水肥などの購入費。水肥とあるのは液体の肥料のことで、いわゆる肥溜《こえだ》めのこと。そして、土地の耕作に必要な人夫二六名分の調達費まで計上している。いまでいえば、人材派遣会社に支払う経費ということになろうか。

また、来年の田植えに必要な苗のほか、土地を耕す農民の家族全員が生活していくための費用（企業が社員に支払う賃金相当部分）も、この経費に含まれる。

コメの全収穫量からこれら経費分を差し引いた残りが純利益となるが、前述した売券によると、「全収穫量−経費＝純利益」の部分に相当する斗代《とだい》（収納高《しゅうのうだか》）が「一石五斗代」（一〇斗＝一石）と記されている。

この一段の田地は、コメ一石五斗分の純利益を稼ぎ出しているのである。ただし、この純利益分は固定化されており（つまり、収納高として定められており）、実際に土地を耕す農民が生産を効率化し、一石五斗以上の純利益をあげても、収納高は一石五斗のまま。企業なら、生産効率化で得られた差額分（経費節約分）は企業の利益とされるが、この場合、社員に相当する農民がその差額分を享受することになる。

では、いまの企業社会より当時の農民のほうが恵まれていたのかというと、そうではない。凶作不作の影響でコメの獲れ高が少なくても、収納高の一石五斗代は支払わなければならない。当然、生活は苦しくなり、凶作不作の情況によっては飲まず食わずの生活が強いられる恐れもあるだろう。

問題は、この一石五斗を誰が収納するかである。

売券には、収納高である一石五斗代を配分する際の内訳が記されている。それぞれの名称については後述するとして、売券に示された内訳を次に列挙してみる。

①公方《くぼう》＝一斗八升（一〇升＝一斗）
②公事米《くじまい》＝二斗
③反銭《たんせん》＝二斗
④方違《かたたがえ》＝二升
⑤定得分《さだめとくぶん》＝九斗

以上の内訳分を合計すると、ちょうど一石五斗の収納高となる。

まずは「公方」とはいったい何なのか。ふつう将軍家のことを公方と称するが、一斗八升分を、室町幕府の将軍（当時は十代将軍足利義材《よしき》の時代）が収入源としていたわけではない。

そもそも公方には公儀《こうぎ》（公権力）という意味があり、江戸時代に「ご公儀」といえば、徳川幕府を指すようになるが、売券上の「公儀＝公方」というのは主に荘園領主をいう。

中世の狭いムラ社会の中に生きる農民たちにとって、足利将軍家より自分たちが年貢を納める〝ご領主さま〟こそが公儀であり、売券にはそうした農民たちの意識が反映されている。

「公事米」についても「公」の字が入っていることからわかるとおり、この二斗の配分先は①と同じである。

続いて「反銭」。段銭ともいう。これはふつう、守護大名や戦国大名が収納する。当時、いまだ浅井氏が台頭する前だから、北近江の守護京極家が段銭の収納者である可能性があろう。

「方違」というのは平安時代に盛んだった陰陽道の方角禁忌《きんき》に関する風習のひとつ。外出の際、吉凶を占い、その方角が悪いといったん別の方角へ出かけ、目的地が悪い方角にならないようにしなければならないが、そのためには費用がかかる。土地の持ち主である小堀氏が、その費用の一部として、毎年二升分を充てていたのであろう。

「定得分」の得分は、単純に取り分という意味であり、この九斗は常識的に小堀家の身入りとなる。

段銭は守護の京極家が収納していたとして、問題は①と②である。

公方と公事米あわせて三斗八升分を、小堀家と荘園領主のどちらが収納するのかという問題は、農民たちがどちらを〝ご領主様〟と考えていたかという論点にも通じる。前述したとおり、農民たちは公方を公権力、つまり領主だと認識していたからだ。

定得分（加地子《かじし》と呼ばれることもある）と別に、①と②が記載されている以上、利益の配分先は小堀家とは別だと考えるのがふつうだろう。

売券に楞厳院庄とあるとおり、この田地は楞厳院の荘園だとみてよい。長浜市内に、真言宗豊山《ぶざん》派に属する総持寺《そうじじ》という行基《ぎょうき》（※3）開基の由緒正しい寺がある。医王山という山号をもち、楞厳院と号している。この田地は医王山楞厳院総持寺の荘園なのだろう。

つまり、この一段の田地を耕す農民にとって公方（公儀）とは、荘園領主の総持寺であり、全生産物（売上高）から諸経費を差し引いた純利益は、

① **荘園領主**（公方・公事米）
② **守護大名**（段銭）
③ **小堀家**（定得分）

と、それぞれレベルのちがう支配者層に配分されていることになる。

序章において、戦国時代には、同じ土地であっても、おおむね三人の占有者がいたという話を述べさせていただいた。領主的占有者・地主的占有者・農民的占有者――の三者で

ある。

これを以上の話にあてはめれば、①の荘園領主が領主的占有者であり、③の小堀家が地主的占有者となる。地主的占有者の小堀家が農民的占有者の農民から農地の純利益（一石五斗）を吸い上げ、自身の取り分である「定得分」を懐に入れたうえで、段銭部分を大名へ、そして、年貢（公方年貢という）を領主的占有者の荘園領主へ納めていたと考えられる。

ちなみに、売券によって売買されるのは「定得分」の部分である。先にあげた売券には一石五斗代の収納高が記載されているものの、そこから領主の年貢や守護の段銭などを差し引いた部分だけが売買される。そのため、農地の純利益である一石五斗代から差し引く年貢・段銭などの額と売買される「得分（定得分）」が売券に記載されているのである。

しかも、この一段に接する土地が配分先として同じ権利者であるかどうかは売券が現存していないためわからない。その土地の公方が総持寺のものであり、また小堀家が定得分を取得しているとは限らない。その土地の売券が存在するとしたら、そこにはまったく別の権利者の名が記載されているのかもしれないのだ。

このように土地の権利関係が複雑に絡み合っているのが中世、ひいては戦国時代の特徴である。売券には以上の複雑さが数字として示されているのと同時に、そこからは、戦国大名や戦国武将たちの台所事情もみえてくる。だからこそ筆者は、売券は複雑な戦国社会を読み解くキーワードだと理解している。

織田信長の先祖の謎

そもそも武士と呼ばれる階層は、荘園領主の年貢を横取りする形で経済力をつけてきた。その背景にあるのは武力である。

多くの武士は、もともと荘園から年貢を集め、それを荘園領主に納めていた土着の荘官《しょうかん》（下司《げす》などと呼ばれる）を先祖としている。彼らは貢納の代行をおこない、その際の代行手数料として給田《きゅうでん》などの土地を荘園領主から与えられ、給田などからの利益を収入としていた。〝下司の勘ぐり〟の下司である。

戦国武将や戦国大名の中には、豊臣秀吉に代表されるように氏素性の定かでない者もいる一方、荘園領主から下司と卑しまれつつも、系図や史料などで、ある程度、先祖をさかのぼることができる武将や大名もいる。

たとえば織田信長。彼は平家を名乗り、平清盛《たいらのきよもり》が先祖であると吹聴していたが、当時、世間にその話が広がっていたことは次の話で裏付けられる。

天正十年(一五八二)五月、信長が京の本能寺で憤死する直前、徳川家康を居城の安土城へ招いて饗応した話は有名だ。その際、二人はともに舞や能を鑑賞するが、そのとき「見苦しい」といって、信長は、能を演じた梅若大夫《うめわかだゆう》を折檻している(『信長公記《しんちょうこうき》』)。

その日の演目は『鞍馬天狗』。鞍馬山で天狗から武芸を教わる牛若丸(のちの源義経《みなもとのよしつね》)の物語だから、むろん平家は悪者。奈良興福寺の僧多聞院英俊《たもんいんえいしゅん》は、

「ヲコ(ゴ)レル(奢れる)平氏ヲ西海ニ追下《おいくだす》ト云事《いうこと》、信長ハ平家ノ故《ゆえ》、御勘気《ごかんき》ニ触《ふれ》ル歟《か》と推量了《おわんぬ》」

と書いている。先祖の平家を西海へと追いやる内容が信長の気に障ったのではないかというのである。

かといって、信長が正真正銘の平家なのかというと、そうではない。戦国武将なら誰でもやることだが、名門の「源」「平」もしくは「藤原」の姓を称し、先祖が名門の出であることを自称しているにすぎない。

ちなみに、秀吉も「豊臣」と称する前は「平」姓を名乗っていた。家康もご承知のとおり、「源」の姓を称しているが、先祖は踊念仏《おどりねんぶつ》の遊行僧《ゆぎょうそう》(※4)である。

その秀吉・家康の両名から比べると、織田家はまだまだ由緒正しい家柄といえる。

いまの福井県北西部に織田盆地があり、中世、そこに織田荘があった。信長の織田家はその織田荘の下司出身だと考えられる。

この織田荘に剣神社《つるぎじんじゃ》という平安時代に創建された由緒を持つ古社があり、鎌倉時代、その剣神社の神主兼織田荘の下司（地頭《じとう》）は、忌部《いんべ》という一族だった。

本能寺の信長公廟

忌部というのは祭祀をおこなう古代の一族であり、大和朝廷が成立する前、大和盆地の西端にあたる葛城山《かつらぎさん》の麓あたりにいたが、その後全国へ散らばった。信長の先祖も、越前織田で神主としてその地に土着したのだろう。

一説によると、越前の守護だった斯波義《よし》重《しげ》（室町幕府の三代将軍足利義満《よしみつ》に仕えていた幕府の重鎮）が剣神社に参詣した際、神主の子が立派な体格をしていたため、気に入って居城する北ノ庄（福井市）へ連れ帰り、家臣にしたという伝承がある。

しかし、そのような伝承によらずとも、剣神社の神主で地頭だった忌部家が守護斯波家の被官だったことは間違いない。斯波義重はその後、尾張（愛知県西部）の守護職もたまわり、その際、忌部常昌《つねまさ》あるいは常任《つねとう》が義重の供として尾張へ入部《にゅうぶ》。そのころから出身地の名をとり、「織田」を称したと考えられる。

信長自身、織田の家が越前（福井県）剣神社の神主兼下司の家柄だったことを認識していたようだ。朝倉義景《あさくらよしかげ》を討って越前を平定した信長は、越前の支配を重臣の柴田勝家《しばたかついえ》に委ねるが、天正三年（一五七五）、その勝家が剣神社へ出した書状に、

「当社（剣神社）の儀は、殿様（信長）御氏神の儀に候えば」

とある。

ちなみに義景が信長に徹底抗戦するのは、朝倉家が越前の守護代をつとめ、信長の先祖はその臣下だったからであろう。名門意識の強い義景にしたら、〝家来筋に頭など下げられようか〟という気概だったのではなかろうか。

つい余談に余談を重ねてしまったがここでいいたいのは、信長の織田家も荘園領主の下司だったということ。

下司はもともと荘園領主に任じられた土着の豪族だが、やがて鎌倉幕府が成立すると、幕府によって地頭に任命され、荘園領主が勝手に罷免できないようになった。そうなると、下司たちの〝暴走〟がはじまる。

下司が荘園領主に年貢を納めなくなり、自分の懐に入れてしまうようになったからだ。

さらに室町時代になると、半済《はんぜい》という手段が荘園領主の台所事情を直撃する。室町時代のはじめは、南北朝の争乱をはじめ、幕府が後ろ盾となった北朝内部でも争いが起き、紛争の絶えない時代だった。そうなると、守護が軍費・兵糧を現地調達するために、荘園の年貢の半分を配下の武将らに与える命令を出すようになる。

こうして荘園領主の収納高が半減。企業社会に喩《たと》えると、荘園領主たちは純利益の五〇パーセント減という大減益を余儀なくされる。

和泉国（大阪府南部）日根《ひね》郡の日根野《ひねの》荘の例でみると、よくわかる。

この荘園は、歴代関白を輩出する公卿の九条家を領主とする荘園。関西国際空港（関空）対岸の泉佐野市一帯に広がる荘園だった。当初、日根野荘は鶴原《つるはら》村・井原《いはら》村・入山田《いりやまだ》村・日根野《ひねの》村の四村からなっていた。ところが、半済政策により、戦国時代の初めごろには、九条家の支配が及ぶのは、入山田村・日根野村の二村になってしまった。

半済によって九条家領でなくなった村々では、純利益分の年貢を、守護配下の武将たち（彼らはその国に土着しているため、国人《こくじん》および国人領主と呼ばれる）が収納することになる。

こうして荘園領主が収納する荘園年貢（公方年貢）は武将たちの収入源となり、彼らが年貢を収納する土地は「領地」という扱いになる。

戦国時代は地主・地侍のパラダイス

前述した近江国北坂田郡の土地の場合、一段の土地の「領主」はあくまで、年貢を収納する総持寺である。公方年貢・公事米あわせて三斗八升（純利益＝一石五斗の二五％）と僅《わず》かながら、年貢分として収納している。地元の名刹として、総持寺の荘園の地位は、その宗教的影響力によって戦国時代まで守られていたといえる。

それでは、小堀家を何と呼べばいいのだろうか。

小堀家は農民から純利益全体の一石五斗代を収納する役目を担い、実際の農地経営をおこなう立場にもある。

この小堀氏のような立場の者を専門用語で中間搾取層（領主と農民の中間に位置する階層という意味）というが、もっとわかりやすいうなら「地主」である。〝地付《じつき》の侍〟という意味で「地侍《じざむらい》」ともいわれる。小堀家を地主的占有者といったのはこのためだ。

地主の小堀氏は、総利益の一石五斗の中から、領主の総持寺や守護に納める年貢・段銭分を留め置き、残った九斗分を確保している。売券に記載される「定得分」の九斗は、いわゆる地代である。

江戸時代なら、一石五斗がいわゆる「石高《こくだか》」となり、現代でいう税額控除分を差し引いて、藩領の場合は藩へ、天領（幕府領）の場合は幕府へと、農地の純利益（収納高）である一石五斗がすべて納められるところだ。悪い言い方をすると、純利益から地代をピンハネする中間搾取層（地主・地侍）の存在そのものが、戦国時代の土地制度、ひいてはこの時代の知行制度をわかりにくくしているのである。

つまり、「楞厳院領」とよばれる総持寺の領地であっても、そこには領主とは別に地主が君臨し、土地の純利益をピンハネしているのである。

しかも、小堀家の場合、領主（総持寺）より、さらには守護（京極家）より、地主である小堀家の取り分が多く、じつに純利益の六〇％（九斗）を収納している。

これは何も小堀家や近江にかぎった話ではない。

和泉国日根野荘（前出）に隣接する熊取《くまとり》の場合、時代が下るにつれて、この地主の取り分（地代）が増大している実態がわかる。

応仁二年（一四六八）というから、京を中心に応仁の大乱が起きた翌年の売券によると、土地の年貢が「七斗」であるのに対して、地主の取り分は「六斗」（いずれも一段あたり）であり、年貢のほうが高い。ところが、時代が下り、信長が桶狭間《おけはざま》で今川義元《いまがわよしもと》の首をあげた永禄三年（一五六〇）の売券をみると、年貢が「四斗四升」であるのに対して、地主の取り分は「一石七斗」となっている。地主は、年貢の四倍近い身入りを得ているのである。

なぜこのようなことが起きるのか。それは、年貢がほぼ固定化されているからに他ならない。

現代の所得税に照らして考えると、おわかりいただけるだろうが、所得税率が毎年見直されるわけではない。

同じく戦国時代も売券に記載されているとおり、年貢高（納税額）は固定化されている。中世は南北朝の争乱から戦国の争乱へと、長引く戦乱や冷害で土地が疲弊していたと考えられがちだが、生産の効率化などによって、土地の生産力は増大した。農地の生産高が増えると、地主は農民に対して、彼らが納めるべき斗代（収納高）の増大を要求することになる。生産力が増えてもそれは生産が効率化された結果であり、経費の額は以前のまま。

仮に経費が増えたとしても、その率は生産高の伸び率より低く抑えられる。こうして純利益分が拡大し、そこから配分される年貢がほぼ固定されているのだから、地主の取り分が急増するのは当然であった。

そして中世の半ばごろ、その増加分が地主の権利として成立し、やがて公然と売買されるようになる。喩《たと》えるなら、企業の純利益が飛躍的に伸びたにもかかわらず、株主への配当を据え置いて、利益を留保しておくようなもの。現代なら、株主総会でまずヤリ玉に挙げられることになるが、戦国時代、意外や意外、配当、つまり年貢を受け取る荘園領主や、彼らからその権利を奪った武将たちも、〝サイレント株主〟であり、〝モノ言う株主〟ではなかった。

「はじめに」に掲載した武将夫妻の会話で、〝あの者〟と夫妻が語りあっていたのは、この中間搾取層の地侍を指す。

いわば、戦国時代は地主にとって儲け放題の時代。パラダイスのような時代だったのである。

ではなぜ、荘園領主や武将たちは、彼らが地主の勝手放題を認めていたのか。その答えを導き出す前に、ある意味、〝地主たちの時代〟ともいえる戦国時代の驚くべき現実に、焦点をあててみよう。

※1 祐筆＝武将などの側に仕え、書をしたため、文書の記録などをおこなった。

※2 条里制＝一辺を一町とする四角形によって、土地を区画する制度のこと。最大六町の四角形の範囲内で「条」と「里」の番号をつけ、それらに対応する区画一町ごとに坪の番号をふった。「○条○里○の坪」などと表記される。

※3 行基＝奈良時代の僧。この時代、僧侶は国家管理の元に置かれ、仏教は国家鎮護のためのものと位置付けられていた。しかし、行基はその方針に反し、民衆の間に仏教を広め、それのみならず、溜池や困窮者のための施設を作るなど、いまでいう社会貢献活動を積極的におこなった。

※4 遊行僧＝踊念仏して全国を行脚する時宗《じしゅう》の僧。

「共和国」まで築いた地侍たちの実力

姉川の合戦と地侍たち

足利義昭を奉じて上洛した織田信長は、元亀元年（一五七〇）四月、上洛命令に従わない朝倉義景を討つべく越前に侵攻した。前述したとおり、義景にとって信長は家来筋の家系。従わないのが当然であった。

信長は越前中央部への入口である金ヶ崎《かながさき》城（敦賀市）を攻め落とすが、その信長の耳に、とんでもない知らせが飛びこんでくる。妹お市の夫浅井長政が叛《そむ》いたという知らせだった。

そのとき信長は、

「浅井は歴然御縁者たるの上（中略）虚説たるべき」（『信長公記』）

といい、すぐには信じなかった。それだけ長政を信じていたからだ。結果、信長は命からがら京へ逃げ帰ることになる（これを「金ヶ崎崩れ」という）。

浅井氏の居城・小谷城大手道

信じていたぶん、信長の怒りは激しかった。その年の六月、信長は裏切り者の長政を成敗すべく、大軍を率いて居城小谷（長浜市）を包囲したのだ。

しかし、織田軍の勢いもそこまで。なにしろ小谷城は峻険な山城。天下に名高い堅城を、そう簡単には攻め落とせない。そこで信長は浅井勢を平地に引っ張りだし、野戦に持ちこむ作戦にでた。

そのため信長は、羽柴（のちの豊臣）秀吉らに命じて城下を放火してまわらせた。そうして、籠城していた長政と援軍の朝倉勢を姉川北岸へ誘いだすことに成功する。

織田勢は姉川の南岸に陣し、加勢の徳川軍とともに、二十八日の未明、姉川をはさんで両連合軍の決戦の火蓋《ひぶた》が切って落とされる。

通説によると、この合戦は織田・徳川連合軍の大勝利ということになっている。

『信長公記』は「宗徒《そうと》（主な武将）千百余討取。大谷（小谷の誤り）まで五十町追討ち、麓を御放火」と記している。つまり、織田との決戦に敗れ、ふたたび居城に籠城するしかなくなった浅井勢は、このまま衰退の一途をたどるかのようにみえる。

ところが、朝倉方の『朝倉始末記』には「互角ノ合戦ニソ（ぞ）成《なり》ニケル」とあり、逆に織田方の将兵「千余人」を討ち取ったと書かれている。それぞれ〝身びいき〟の部分を割り引いて考えたとしても、『信長公記』が一方的に記すように、織田・徳川連合軍の大勝利だったかどうかは疑問が残る。

しかも、この合戦後すぐさま浅井家が滅亡したわけではなかった。結果からいうと、信長の誘い出しに引っかからず、合戦に「五千ばかり」（『信長公記』）の兵だけ送って兵力を温存させていた長政の〝勝ち〟であった。

なぜなら、その年ふたたび浅井勢は坂本（大津市）まで出陣し、信長が三好三人衆（※1）と大坂で戦っている隙に京をうかがう動きをみせ、信長に冷や汗をかかせているからだ。

さて、その姉川の合戦には、当時、浅井家に仕えていた小堀遠州の父小堀正次（前出）も出陣していたはずだ。同じく浅井家に仕える地侍が出陣して活躍したことを伝える記録も残っている。

「野村合戦において討死上下合三拾（十）人内、侍分書き付け申し候」

姉川の古戦場

　姉川の合戦は、浅井勢の陣所の名をとって野村合戦ともいわれる。その合戦で討ち死にした三〇人のうち、侍の氏名だけ書き付けておくといっているのだ。この史料は、近江の地侍嶋家の記録であり、嶋家では嶋勘衛門尉《かんえもんのじょう》をはじめ、嶋一族の戦死者や近在の地侍の戦死者計一五名の名を列挙している。
　また嶋家では戦死者のみならず、合戦で手柄をあげた一族の者の活躍も記録している。
　嶋四郎左衛門尉《しろうさえもんのじょう》が姉川の合戦で敵の首を挙げたという記録である。合戦後、小谷城にもどって首実検《くびじっけん》がおこなわれるが、「磯丹」という武将が四郎左衛門尉の手柄に対して、後々の世までの誉れであると讃えたと記載されている。
　磯丹というのは、浅井家の重臣磯野員昌《いそのかずまさ》のこと。丹波守を称しており、磯丹と通称される。磯野氏はもともと北近江守護京極家の家臣だったが、守護代の浅井家が台頭すると、浅井家に仕え、重臣として扱われる。しかし、浅井家が信長に滅ぼされる前に降伏する武将である。

ただし後世の軍記物では、姉川の合戦で織田勢の本陣近くまで攻めこんだと伝えられており、信長を震撼《しんかん》させた武将でもあった。嶋四郎左衛門もその激しい戦いの中で見事、敵の首を挙げたのだろう。

ここではそのことより、首実検の際に、員昌によって功名を讃えられていることが重要である。つまり地侍の嶋家が員昌の手に属し、与力になっていることになる。軍団編成上、地侍らは合戦時において、各大名家の重臣クラス（彼らは国人および国人領主と呼ばれる階層＝領主として公方年貢を収納する階層であった）の与力となる階層だったことがわかる。地侍は大名家の下級武士ということになろう。

桶狭間の合戦と地侍

姉川の合戦の一〇年前、信長にとってより重要な合戦が尾張の桶狭間（豊明《とよあけ》市・名古屋市）でおこなわれている。信長がようやく尾張一国を平定したとされている直後のことであった。

尾張侵攻を図る今川義元が、駿河・遠江《とおとおみ》（静岡県）・三河（愛知県東部）の大軍を率いて当時の信長の居城清洲（清須市）に迫りつつあった。

このとき『信長公記』は、ある著名なシーンを書き残している。

五月十八日の夜。厳密にいうと十九日になっていたが、この時代、夜明けとともに日付が変わるという考え方があったので、当時の感覚でいうと、やはり十八日の夜である。

軍議で作戦方針が決まらず、重臣らを屋敷に下がらせたあと、信長が一人、清洲城に残って好きな舞を演じはじめる。題目は『敦盛《あつもり》』。

「人間五十年、下天の内をくらぶれば、夢幻《ゆめまぼろし》のごとくなり。一度生を得て、滅《めっ》せぬ者のあるべきか……」

舞を終えるや、信長は、

「法螺《ほら》吹け、具足よこせ」

と側近に命じ、立ちながら「御食《みけ》」（粥《かゆ》のようなものだったのであろう）で腹を満たすと、わずか主従六騎だけで清洲城を飛び出してゆく。これが、世に名高い桶狭間の合戦のはじまりである。

信長とともに、まだ明けやらぬ尾張の大地を駆け抜けた五騎の中に「賀藤（加藤）弥三郎」

という武士がいた。信長の親衛隊の一員である。彼は尾張熱田の地侍一族であった。

やがて「雑兵弐《ぞうひょう》（二）百ばかり」が信長主従の後を追い、信長は熱田神宮（名古屋市）で後続の騎馬武者が到着するのを待った。このとき熱田神宮の門前に住む弥三郎の一族が信長を出迎えたため、信長がシャレをきかせ、「おう、この戦いはかとうぞ」といったという逸話が伝わっている（熱田研究よもぎの会『史跡あつた』）。

信長が本当にそんなジョークを飛ばしたかどうかは不明だが、地侍の加藤家が信長を出迎えるのはその庇護を受けていたからだ。

そして、一族の弥三郎が信長の親衛隊に加わっていることも、地侍の武力が戦国大名の軍事力を下支えしていた事実を物語っている。

この地侍から大名に成り上がった武将は、小堀家のほか、関ヶ原の合戦で敗れた西軍の武将石田三成や秀吉の軍師とされる黒田如水《じょすい》らがいる。

桶狭間古戦場

三成は近江石田村（長浜市）の地侍の次男に生まれた。幼名を佐吉といい、石田村近くの観音寺で勉学に励んでいた。地侍の子弟が近くの寺で学問を修めるのはめずらしくはない。

ある日のこと、近くへ鷹狩りに来ていた秀吉は喉が渇き、観音寺に来て茶を所望した。そこで佐吉は大きい茶碗にまず、温《ぬる》めの茶を七分ほど入れて差し出した。温めの茶だから秀吉はごくごくと喉を鳴らして飲み干した。しかし、まだ飲み足らない。秀吉はまた、茶を所望すると、佐吉は、茶碗に半分足らずの茶を前より少し熱くして出した。秀吉は茶の香りに誘われてさらに一服所望する。すると佐吉は小さい茶碗に、こんどは熱い茶を少し入れて差し出した。

秀吉はその佐吉の気働《きばたら》きに感心し、小姓にしたという有名な逸話である。

観音寺には三成が秀吉に茶を献じた際の井戸の跡も残っているが、この逸話が史実かどうかはわからない。ただ、横山・長浜両城主（いずれも長浜市）をつとめた秀吉がどこかで佐吉の才能を聞き及び、小姓に取り立てた可能性はあろう。

一方、黒田如水（通称官兵衛《かんべえ》、諱《いみな》は孝高《よしたか》）も、筆者は播磨（兵庫県）もしくは備前（岡山県東部）の地侍だと考えている。『黒田家譜《かふ》』によると、黒田家は北近江守護京極家から分流した「佐々木黒田」をその祖としている。しかしこれは江戸時代になって、家系を粉飾したものではなかろうか。筑前（福岡県）五二万石の太守が地侍の家系だと都合が悪かったのであろう。

黒田家が家業として目薬販売をおこなっていた話は有名だが、このように家業として商いをおこなうのはいかにも地侍らしい。

いずれにせよ、地侍たちがこうして戦国大名に仕え、やがて城持ち大名へ出世していく者がいる一方、大きな組織に属さないアウトローもいた。彼らは結集して共和国を築いている。

次に、彼らの行動を中心に、地侍の生き様や台所事情を探ってみよう。

関ヶ原の石田三成陣跡

国人領主の没落

和泉国に熊取（熊取町）という村がある。前述した九条家領日根野村・入山田村に隣接する村である。現在は大阪府泉南郡熊取町。余談だが、福島第一原発事故が勃発した際、〝熊取六人衆〟という言葉がマスコミを賑わした。

熊取に京都大学原子炉実験所があり、そこの研究グループ六人の総称である。いわゆる原子力ムラの研究者とちがい、原発の危険性を訴え続け、その代わりに自分たちの出世を犠牲にしてきた人たちだ。

つまり既成の権力に媚《こ》びず、自分たちの研究姿勢を貫いた研究グループである。ある意味、彼らは原子力ムラのアウトローといえるかもしれない。

五〇〇年ほど前の熊取にも、アウトロー的な動きをする地侍がいた。記事冒頭でも紹介している。秀吉に屋敷を焼かれた中盛吉だ。

中一族の歴代当主は「中左近」を通称し、多くの売券史料などを残した一族として知られ、それらの売券は『中家文書《なかけもんじょ》』として現存している。

もともとは行松盛吉《ゆきまつもりよし》という国人領主の被官《ひかん》だったのではなかろうか。

中家と同じ熊取の地侍大浦《おおうら》一族が「少盛吉の大夫《たゆう》（行松盛吉）殿の時に奉公申す儀」と『中家文書』に記載されており、中家が確実に行松家に仕えていたという証拠はないものの、同じ地侍層が行松家の被官であったことから、まずそうであったとみてよいのではなかろうか。

国人領主の行松盛吉は和泉守護の細川家に仕えていた。また、行松一族は和泉に隣接する河内（大阪府東部）にも所領があり、さらには、細川家に従い、伊予（愛媛県）の争乱にも出兵し、伊予国新居《にい》郡に所領をたまわっている。しかし、その屋敷は熊取の小垣内《おがいと》というところにあった。したがって、所領は広範囲に広がっているが、本拠は熊取にあり、熊取の領主ということができよう。

熊取にも領主名は不明ながら、かつて荘園があり、熊取荘と呼ばれていた。行松家は守護細川家の影響下で荘園年貢を侵奪していったのであろう。前述した地侍の大浦一族は、熊取の「野田宮」などに土地を持つ地主でもあるが、その農地からあがる純利益の中から行松家へ「公方米」を納めていたことが『中家文書』の記載でわかる。この「公方米」は、行松家が荘園領主から奪い取った部分である。

また、行松家は本拠である熊取村とその周辺の土地を買い漁っていた。本稿では便宜的に「地主＝地侍」としているが、もちろん、土地の集積は地侍だけの特権ではない。国人領主も土地を集積している。

彼らは領主として、土地の純利益の中から公方米、つまり年貢を徴収できる権利がある。一方、地主から土地を買い取ることにより、地代である定得分をも収納できる。土地を買って地主になることにより、領主特権である年貢と地主特権である定得分を同時に徴収できる。

このことを段あたりベースでみてみると、一段の土地が生み出す純利益のほぼすべてが国人領主の身入りとなる。

土地については「領主的占有」「地主的占有」「農民的占有」があると説明してきたが、農民の土地耕作権を除き、こうして行松家は年貢と地代とも徴収できる。その一段に隣接する一段の土地も買い取ると、純利益分をすべて収納できる土地は計二段となり、その調子で三段、四段……さらには一町、二町と拡大することにより、広域的な支配が可能となる。

中世特有の権利が複雑に入り組んだ関係を整理し、ある者が一元的に土地を支配することになるため、専門用語でこれを「一円知行《いちえんちぎょう》」あるいは「一円支配」などと呼ぶ。

また、その一円支配地が点ではなく、面的な広がりをみせることを、国人領主たちは志向する。そして、それが一定の規模を持ったとき、ほかの国人領主たちをしのぎ、彼らを家臣化しようとする。こうして国人領主が戦国大名へと昇華する。こうした縦方向の上昇運動が戦国時代、どの地域でもみられる。

行松家がどれくらい熊取やその周辺で一円支配を実行できたかどうかは不明だが、『中家文書』の売券史料により、行松家が土地の集積に積極的であった事実は確認できる。ただし、十六世紀半ばに行松家は没落してしまう。

その兆候は、十六世紀初めごろからあった。

紀伊の紀ノ川流域に根来寺《ねごろでら》（岩出市）という新義真言宗総本山がある。

平安時代の高野山（真言宗）の僧覚鑁《かくばん》上人が大治五年（一一三〇）、高野山内に一堂を建て、伝法院《でんぽういん》と称したことがそもそものはじまり。覚鑁は高野山の信仰を立て直し、宗祖・空海《くうかい》（弘法大師《こうぼうだいし》）の教義を復興することに努めたが、高野山内の衆徒《しゅうと》と対立し、やがて山を下りることになった。そこで大伝法院の荘園に拠点を移し、伝法道場を築いて根来寺と総称されるようになった。

戦国時代、その根来寺は行人《ぎょうにん》と呼ばれる僧兵集団を擁していた。永正元年（一五〇四）

四月五日の未明、根来寺の僧兵が熊取に侵攻した。そのとき根来寺勢によって「熊取の給《きゅう》人《じん》どもの館三ヶ所」が焼き払われたと、隣接する日根野荘の荘園領主九条政基《まさもと》の日記に記録されている。

「熊取の給人」というのは行松家のこと。守護の被官（国人領主ら）が守護から与えられた土地を「給地《きゅうち》」という。別に新しい土地を与えられていなくとも、安堵してもらった土地が給地となる。そして、守護から給地をたまわる人が給人である。

根来寺の僧兵らにむざむざと屋敷を焼き払われた行松家をみて、熊取の地侍たちは動揺したはずだ。なぜなら、彼らが地主として定得分や加地子（いずれも地代）を安心して土地から確保できるのは、国人領主の庇護というバックボーンがあるからである。だからこそ、土地からあがった純利益の中から年貢部分を国人領主へ納めているのだ。

詳細は後述するが、このころから中家は、根来寺に接近するようになったのではなかろうか。

そして、行松家にとっても大きな転換点が訪れる。天文十八年（一五四九）に摂津江口（大阪市）で合戦がおこなわれ、行松家が仕えていた和泉細川家が、阿波（徳島県）細川家家宰《さい》出身の武将三好長慶《みよしながよし》（※2）に敗れて、事実上滅亡してしまうのである。

和泉細川家の滅亡後、和泉国の中でもとくに泉北地域（和泉北部）では三好家の支配力が強まった。熊取は泉南地域（和泉南部）に含まれるが、行松家はどうなったのか。

合戦の二年後、『中家文書』で行松家の動静が確認できなくなる。また、永禄六年（一五六三）までに当主の行松盛吉が死去していることがわかる。その当主の死を境に、行松一族は支配力を失った熊取から退去していったと考えられる。退去時に熊取村の小垣内（前出）にあった屋敷も徹底的に打ち壊していったらしく、最近の発掘調査の結果、農地になった可能性が指摘されている。

領主のダミー現る

行松家の家運が傾き出したころから、行松家は、新興の地侍である中家へ土地を切り売りしはじめたことが、『中家文書』によって確認できる。行松家は土地を売った資本を元手に、影響力のなくなった熊取を捨て、いまだ影響力のある河内もしくは伊予あたりへ逃れて、そこで土地を買い、ふたたび一円支配をめざしたものと思われる。

行松家の没落後、行松家が熊取および周辺で集積した土地は、こうして中家のものとなった。ただし、中家が買い取ったのは、いわゆる地代の部分である。したがって、中家はあくまで熊取の大地主であって、行松家に代わって熊取の領主になったわけではない。領主になるには、年貢米を徴収し、治安維持のために領民へ警察権を行使しなければならない。

現代の社会においても、国民には納税の義務が生じる半面、誰もが健康で文化的な最低限の生活を送れる権利が憲法で保証されている。戦国時代と現代社会を一概に比較することは危険だが、領民が納得して年貢を納め、領主と仰ぐからには領主も領主らしいこと、たとえば治安維持（ただし、この時代は自力救済の考えがあり、治安の担い手が領民たちであったことも事実である＝177ページ参照）や公共工事の実施、刑事・民事の裁判権の行使などをおこなわねばならない。

元亀三年（一五七二）に、熊取の地侍の一人が他人の土地を横領した事件が発覚している。『中家文書』によると、その横領した地侍に成真院《じょうしんいん》（院主は右京公《うきょうこう》）が「首を斬るべき」だと仰せになったという。そこで地侍は慌てて大谷大夫《おおたにたゆう》に詫び言を申し立て、さらには「御被官、同前と申し候」と述べた。横領という罪を犯した地侍に斬首という処分を発表、つまり裁判権を行使できる立場は、領主をおいて他にありえない。ここでは成真院が領主にあたる。

大谷大夫は熊取の領主となった成真院の代官であり、したがって横領した地侍は代官の大谷大夫に詫び言を申し、これまでどおり被官としてお仕えしたいと、弁明に努めているのである。成真院こそが行松氏に代わって熊取の領主になったものといえよう。

実際に『中家文書』から成真院が年貢米部分を徴収している事実も確認できる。

では、行松家に代わり、熊取の領主となった成真院とは何者なのであろうか。

成真院の院主・右京公は、中盛吉の弟である。また、中家が天文十一年（一五四二）にはすでに成真院を建立していることがわかっている。

中家は中盛勝《もりかつ》の時代に勃興し、家督を継いだのが長男の盛吉。そして、盛勝の三男が成真院の右京公となった。つまり中家は、没落した行松氏から土地を買い漁ると同時に、成真院を通じて村民から年貢米を徴収するようになっていくのである。こうして地代と年貢米を徴収することで一元支配が可能となる。

実際に中家が行松家を追い出したわけではなかったが、地侍層が国人領主にとって代わる下剋上を実現したといえる。

このように地侍が下剋上によって国人領主となり、さらに大名へと「縦」のベクトルを駆け上がるパターンはめずらしくない。前述した小堀家や黒田家は、地侍から幕藩体制（※

下の大名になった。

しかし中家はあくまで地侍であり、ダミーとはいえ、熊取の領主は成真院である。中家はほかの地侍らとともに、形の上では成真院の支配を受ける側にいた。

そこからは、「縦」のベクトルには比較的無頓着《むとんちゃく》で、「横」の繋がりを重視した姿勢がうかがえる。前項の冒頭で筆者が中家を「アウトロー的」と称したのは、そのためだ。出世にこだわらず、原子力の危険性を訴え続ける研究グループ〝熊取六人衆〟とどこか似ていると感じたからである。

中家がそういう立場を望んだのには理由がある。その前に、なぜ成真院は領主として熊取に君臨することができたのだろうか。

行松家の時代には守護細川家というバックボーンがあった。一方、成真院は根来寺の子院として設立された経緯があった。つまり、十五世紀半ばごろをさかいに、熊取の支配体制が「守護細川家―国人領主行松家」から「根来寺―成真院」へと変わったことになる。

しかし、守護の細川家と根来寺では支配体制に大きなちがいがあった。

根来寺と鉄砲と共和国

『政基公旅引付《まさもとこうたびひきつけ》』という史料に、

「当国（和泉国のこと）中の百姓の子、根来法師を号す。氏人なり」

と書かれている。別の売券史料から「氏人」が「ウシウト（＝うちゅうど）」と読むこともわかっている。

『政基公旅引付』の作者は、和泉国日根野荘（前出）を荘園としてきた九条家の元関白政基だが、彼は、和泉の百姓の子弟が根来寺の氏人と号し、根来寺法師（僧兵）になったといっているのである。

ここでいう百姓とは地侍らのこと。彼らもれっきとした武士だが、元関白の政基は、守護などに仕えない彼らを武士とみなさなかったのであろう。余談だが、そもそも侍とは、既存の武士集団と主従関係を結び、主《しゅ》（君）に「侍《さぶら》」う存在であるとされている（稲葉継陽「中世後期村落の侍身分と兵農分離」『歴史評論』五二三号）。

それはともかくここでは、地侍の子弟が根来寺の僧兵になっていることが重要である。

このころ根来寺のあった紀北のみならず、隣接する泉南地域にも根来寺の影響力が広がっていた。前述したとおり、根来寺の僧兵たちは熊取に侵攻し、行松家の屋敷を焼き払っている。中家もそれを契機に根来寺へ接近したと考えられるが、同じく紀北から泉南にかけての地侍らも、根来寺の山内にそれぞれ子院を設立していた。

鉄砲砲術で有名な杉之坊《すぎのぼう》も、根来寺の子院のひとつである。

ちなみに津田監物《つだけんもつ》として知られる武将は俗名であり、杉之坊での名は算長《さんちょう》。種子島に鉄砲が伝来した直後、杉之坊算長が種子島から根来へ鉄砲を持ち帰った。算長は根来寺門前の刀工・芝辻清右衛門《しばつじせいえもん》（その後、堺に移住し、堺鍛冶の創始となる）に模倣を命じ、国産化と量産化に成功する。やがて、根来鉄砲隊を創設。根来衆《ねごろしゅう》といえば鉄砲といわれるとおり、根来の僧兵たちは鉄砲の扱いに巧みであった。

余談の余談ながら、鈴鹿山中で信長を至近距離で狙撃し、射殺に失敗してのちに見つかり、処刑される杉谷善住坊《すぎたにぜんじゅうぼう》は根来寺の僧兵だったともいわれている。

こうして紀北・泉南地域の地侍が設立した根来寺の子院が、院主を筆頭にした僧兵集団を擁し、根来寺の武力を支えていた。一説によると、根来寺の山内に二〇〇〇もの子院があったという。

その子院の集合体が根来寺そのものであり、個別機関である子院に対して、全体という意味で「惣分《そうぶん》」といわれていた。

重要な決定は惣分集会によってなされ、つまり、どこかに出陣したり同盟したりする行動も惣分集会の決定事項であった。つまり、この惣分集会が現代の政治形態でいう国会（国権の最高機関）にあたる。したがって、根来寺衆が支配する紀北・泉南地域に「殿様」はいない。

根来寺の子院を率いる院主たちによる合議制、いわば子院を設立した地侍たちの共和国という表現が妥当であろう。熊取の地侍中家も成真院を設立して、この〝地侍共和国〟に参加したのである。

実際に南蛮人宣教師のルイス・フロイスはその著『日本史』（松田毅一・川崎桃太 両氏訳）の中で、

「紀伊の国に悪魔に仕える共和国があった」

と記している。

彼が根来寺衆を悪魔と表現するのは、フロイスがキリスト教徒であり、仏教を異端視していたこともあろうが、まず根来衆（行人と呼ばれる根来寺の僧兵たち）のいでたちが異様だった。

ているフロイスは「ナザレ人のように頭髪を長く背中の半ばまで絡めて垂れ下げ……」と書いている。ナザレはイスラエル北部の都市であり、フロイスにとっても異装だったろうが、それは当時の日本人にとっても同じであったろう。

根来寺蔵の『兵法虎之巻《ひょうほうとらのまき》』という書物には甲冑《かっちゅう》姿の行人の姿が描かれているが、彼らは剃髪《ていはつ》もせず、白頭巾《ずきん》で頭を覆うこともしていない。まったくの俗装である。

フロイスはさらに「彼らの本務は不断に軍事訓練にいそしむこと」であり、その規則は「毎日一本の矢を作ること」だとしている。とくに彼らは鉄砲に熟達しており、フロイスは彼らのことを「Nengoros（ネゴロス）」と呼んでいた。

彼ら行人は、鉄砲の技術を「日本の諸侯（戦国大名）」へ売り、「彼等はヨーロッパにおけるドイツ人の如く、よい待遇を与える者とことを共にする」といわれる。彼らネゴロスには、鉄砲撃ちの技術をもって諸大名に仕える傭兵《ようへい》集団としての一面もあったのである。フロイスによると、その行人の数は根来寺全体で「八〇〇〇」ないし「一万」に及んでいたという。

秀吉を震撼させた「ネゴロス」

そのネゴロス、江戸時代の記録に「五十万石あまり領知仕り候」とある。五〇万石といえば、関ヶ原の合戦後、黒田長政（黒田如水の嫡男）が家康から九州の筑前で賜わった石高にほぼ匹敵している。

ただ、戦国時代は地侍らによる地代（定得分）、つまり中間搾取が認められていた時代であり、五〇万石（年貢＋地代）とされる領地高の大部分は、根来寺の子院を設立した地侍らが収納していたと考えられる。したがって、いざ共和国の存亡の危機ともなると、ネゴロスの正規兵といえる行人のみならず、地侍らも果敢に戦った。

ここでネゴロス、つまり〝地侍共和国〟の終焉へと至る歴史的経過を簡単に振り返ってみたい。

天正十二年（一五八四）、尾張で秀吉は織田信雄《のぶかつ》・徳川家康連合軍と対峙（小牧長久手の合戦）し、居城の大坂城を留守にしていた。その際、ネゴロスが空き巣狙いよろしく、その大坂を急襲する計画をたてた。『日本史』にこう記されている。

「約一万五千が一団となって出撃し、羽柴（秀吉）が大坂に築いた新しい都市をすべて焼き滅ぼしてしまおうと決意した。そして城を占拠したうえは、（織田）信長が五年も六年も攻囲した、かの僧（石山本願寺の顕如《けんによ》）をふたたびそこにおらしめることにした」

ネゴロスたちは大坂城を占領したのち、かつて信長を散々に苦しめ、大坂から紀州へ追われた本願寺顕如を新たな城主に迎える計画だったという。さらに、

「大坂にいた人々は、（ネゴロスらの襲撃によって）街はまともなものは何一つ残るまいと思えたので、あとう限り家財や衣服を搬出し、火の手が迫った家屋を放棄した。市内外の街路には、すでに盗賊が充満しており、物を携えて歩行する者は、ただちに襲われて略奪される外はなかった。こうした街頭での略奪は、かつて（本能寺の変によって）安土山（信長の居城）が焼尽された時とほとんど同じような様相を帯びるに至った」（『同』）

秀吉にしたら気が気でなかっただろう。居城の大坂がこういう状況では、とても尾張に長陣などしていられないからだ。

しかもネゴロスのほか、このとき大坂は一領具足《いちりょうぐそく》（※4）で有名な四国の長宗我部元親《ちょうそかべもとちか》にも狙われていた。

元親は織田・徳川連合軍に与《くみ》し、秀吉を牽制するべく、

「四国より（中略）二万（の軍勢を大坂へ）さし渡さる」（『元親記』）計画を企てたという。

実際問題として、元親は当時まだ四国を完全に統一しておらず、二万の大軍を差し向ける余裕はなかったが、噂だけでも秀吉を追いつめる効果はあった。

秀吉はまず信雄と単独講和を果たし、尾張の戦線を落ち着かせると、ネゴロスを許しはしなかった。天正十三年（一五八五）三月、秀吉は和泉国岸和田城へ入った。一方のネゴロスは秀吉と対峙《たいじ》するため和泉国内にいくつか出城を築いた。

現在の貝塚市にある畠中《はたなか》城や千石堀《せんごくぼり》城などである。とくに畠中城は、岸和田城の数キロメートル東南にある最前線の城だ。周囲に堀をめぐらせ、根来寺の行人が籠《こも》る千石堀城とともに秀吉軍の襲来に備えたが、宇野主水《もんど》という本願寺の役人が記した日記に、

「これは百姓持《もち》たる城なり」

と書かれている。前述したとおり、一般的には既存の武士集団と主従関係を結ぶ者を「侍」といい、共和国を支える地侍はその範疇《はんちゅう》から除外され、したがって「百姓の城」と表現されているが、この畠中城に和泉の地侍らが籠城していたのである。

三月二十一日、秀吉軍はまず千石堀城へ攻めかかり、両軍多くの死傷者を出した末に城は落城。その日の夜になって、畠中城に籠る〝百姓たち〟は、城に火を放って退却したと、宇野主水は記している。

その後、根来寺自体も数棟を残して焼かれ、こうして秀吉の逆鱗《げきりん》に触れたネゴロス、〝地侍共和国〟は歴史から消える。構成員であった中家の屋敷が焼かれるのはこのときである。

なお、根来寺は、江戸時代に徳川家の尽力で一部復興し、根来衆は鉄砲の腕を買われて、幕府の足軽鉄砲隊（根来組）として、江戸城や甲州街道の警備を担うことになるのである。

「村の工場主」だった地侍たち

共和国まで築いた地侍たちだが、ここでは、彼らの経済的基盤について考えてみたい。主な経済的基盤が買い集めた土地からあがる地代であることはいうまでもない。しかし、それだけではなかった。和泉国熊取の地侍中家は、手広くサイドビジネスを手がけていた。中家が十六世紀半ば、国人領主の行松家に代わって、根来寺の成真院をダミーにしつつ、事実上、熊取を支配できたのは、地代とサイドビジネスによってえた経済力に依るところが大きかったはずだ。

『中家文書』に、

「左近太郎に麴室《こうじむろ》の料頭《りょうとう》一荷を宛行《おてが》うものとする。ただし、館場《たてば》は日根野十一荷の内とする」

と読み下せる戦国時代の証文がある。

左近太郎は中家当主の通称である。

黒鳥《くろとり》村（和泉市）の安明寺《あんみょうじ》が中左近太郎に、麹室の料頭一荷を宛行う際に発給した証文だ。麹室は米や大豆などを原料に、味噌・醤油・酒を製造していた施設。つまり、麹室は戦国時代の生活必需品を製造する工場であった。

安明寺は和泉国内全域で味噌・醤油などの麹製品を製造販売する権利をもち、その権利を細分化して日根郡内の一一人の料頭（工場主）に分け与え、宛行状を発給していたのである。

証文でいう「館場」は生産拠点（工場）を意味すると同時に、売場を意味している。つまり、日根郡内には一一人の工場主がいて、それぞれ居住する村に麹室をもち、販売エリアも決められていた。宛行状には具体的なテリトリー（販売エリア）は記載されていないが、常識からいって、中左近太郎の場合、彼が住む熊取をテリトリーとしていたものと考えられる。

文禄三年（一五九四）の検地帳によって、熊取には「麹屋」という屋号をもつ商人がいたこともわかっている。

つまり、中家は麴室（村の工場）で味噌・醤油・酒を製造し、〝村の酒屋〟といえる麴屋を通じて村内で製品を売り捌《さば》いていたのである。その〝村の工場〟で製造される生活必需品の代価はカネ、つまり貨幣で支払われていた。この時代、われわれが想像する以上に畿内では貨幣が流通しており、振り売り（※5）にやって来る麴屋の商人たちから、村民たちはこの時代の代表的な通貨である永楽銭で味噌や醤油などを買っていたのだろう。

戦国時代の村での暮らしは不自由だったというイメージがあるものの、なかなかどうして、カネさえあれば、「村の酒屋」で酒も味噌・醤油も買うことができた。戦国時代の村の暮らしは意外に便利だったのかもしれない。

こうして中家が麴の製造販売で巨額の富をえ、それで土地を買い集めて経済力をつけていくのである。

一方、筆者は、黒田如水の黒田家も備前もしくは播磨の地侍だと考えているが、それは、如水の祖父重隆《しげたか》が目薬販売で財をなしたといわれているからだ。

江戸中期成立の『夢幻物語《むげんものがたり》』に、姫路時代の話として有名な逸話が語られている。

如水の祖父重隆が家督を息子の職隆《もとたか》（如水の父）にゆずり、隠居して宗卜《そうぼく》と号したころに話はさかのぼる。

そのころ、姫路城の北にある広峰山《ひろみねさん》（広峰大明神）へ参詣《さんけい》するよう夢のお告げがあった。そして重隆が参詣して神主の井口太夫と会い、黒田家に代々伝わる目薬を祈禱《きとう》札とともに配る権利を得る。

広峰山は牛頭天王《ごずてんのう》を祀り、厄除けの神として庶民の信仰を集めていた。御師《おし》と呼ばれる者らが布教かたがた、祈禱札を播磨国中に売り歩いていたのである。その祈禱札と一緒に黒田家に伝わる製法を用いた目薬を販売したところ、これが大当たり。黒田の目薬を買う者で広峰山の門前はまさしく市をなし、重隆は大福長者となったという。

その後、眼薬で儲けた銭で土地を買い、やがて担保なしの利子二割という低利で米や銭を貸し付けたので皆に喜ばれるようになったという。

中家の麴室の話と以上の話をむすびつけると、「安明寺と中左近太郎」の関係を「広峰山（広峰大明神）と黒田重隆」のそれに置き換えることができよう。また、『夢幻物語』によると、目薬販売でえたカネで土地を買い付けたとある。これまた中家と共通している。『夢幻物語』に語られる話が事実とは思えないが、地侍の黒田家が副業として目薬の製造販売をおこなっていた事実が誇張され、『夢幻物語』に取りこまれたのではなかろうか。

このように地侍が買い付けた土地の地代に加えて、各種ビジネスを経済的基盤にしている事実は、尾張国熱田《にぎた》神宮門前に住む地侍・加藤家（前出）でも確認できる。

天文十二年（一五四三）二月の話だから、いまだ信長の父織田信秀《のぶひで》が健在で、その信秀が尾張下《しも》四郡（※6）の守護代織田達勝《みちかつ》を形式上、主君に仰いでいた時代である。

その守護代織田達勝が加藤家に与えた安堵状に「出入《でいり》の俵物《たわらもの》」「質物《しちもつ》の事」「海陸とも往反」などという言葉が並ぶ。これらから加藤家は海上交易や陸上交易、さらには金融業を営んでいたことがわかる。これらビジネス上の既得権益に対して、達勝が安堵するという内容である。

このように地侍たちは商工業の担い手としても、戦国時代の社会に大きな足跡を残していた。地侍はれっきとした武士でありつつ、平時には商人や工場主となる側面をもっていたのである。

※1　三好三人衆＝畿内を支配していた三好長慶の死後、三好政権を支えて畿内で活動した三好長逸《ながやす》・三好政康《まさやす》・岩成友通《いわなりともみち》の三人をいう。やがて、長慶に仕えていた松永久秀と対立し、信長が上洛すると本国の阿波へ逃げ帰るが、その後も信長包囲網に加わり、信長を苦しめた。

※2　三好長慶＝三好家はもともと阿波細川家の家宰の家柄だったが、三好長慶《ながよし》の代に主家をしのぎ、畿内での支配を強める。しかし長慶が亡くなると、実権を家臣の松永久秀に奪われる。下剋上の典型

例である。

※3　幕藩体制＝幕府領（天領）と藩領の支配体制をいう。太閤検地を中心とする兵農分離（89ページで詳述）の結果、封建領主（大名）は封地《ふうち》（所領）との歴史的関係を断ち切られ、将軍の恣意によって転封（移動）されることとなった。また幕府に直属する武士（旗本・御家人）や大名の家臣もまた、兵農分離によって農村から切り離された商人・手工業者とともに都市（江戸や各城下）に集住し、ここに一元的な封建支配体制が確立された。

※4　一領具足＝一般的に、二〜三町程度（二〜三《ヘクタール》）の土地を所有する農民兵のことだと解されている。長宗我部元親《もとちか》は、彼らを「衆」として組織し、有力な国衆の配下の与力として組みこんだ。つまり、長宗我部家における下級の家臣団として編成されており、彼らは本稿でいう地侍・土豪層に属すると考えている。四国地域では「得分」「加地子」などの地代を表す用語が史料に現れてくることが少ないが、それは畿内に比べて一段あたりの土地の生産力が落ち、それが売買されるほどの地主の権利として成立しなかったからであろう。ちなみに、幕末の土佐藩で活躍する坂本龍馬はじめ、勤皇の志士たちはこの階層（土佐藩では郷士《ごうし》といった）から輩出される。

※5　振り売り＝商人が天秤棒に木桶や木箱、カゴを取り付け、振り担いで売り歩くことからこう呼ばれる。

※6　尾張下四郡＝尾張は上・下四郡にわかれ、上郡の守護代は織田伊勢守（信安《のぶやす》）で岩倉城に居城。下郡は織田大和守（達勝）が支配していた。その下郡織田家には三人の奉行がいて、信長の父弾正忠《だんじょうのちゅう》信秀はその一人。信秀の時代には三奉行の中で弾正忠家が突出し、主君の達勝をもしのいでいた。それは本文中の安堵状に「弾正忠被申調之」（弾正忠がこう申されるとおり）と書かれていることでもわかる。守護代も、信秀の許可なくして何もできなかったのである。

革命だった「太閤検地」の謎

若狭武田家の「特別利益」にみる「地侍対策」

以上、戦国時代の主役といえる地侍たちの興亡を俯瞰《ふかん》してきた。

地侍たちは、戦国大名ら領主たちの年貢より多くの地代を確保し、戦乱の世を巧みに生き抜いてきた。なぜ彼らは、そのような権益を保ち得たのか。逆にいうと、領主はなぜ地侍たちに地代を徴収する特権を認めてきたのだろうか。その謎を解き明かしてみたい。

むろん領主たちも地侍たちが高い地代を貪るのを、ただ指をくわえてみていただけではない。

ただし、ネゴロス集団（〃地侍共和国〃）に参加する場合などを除き、地侍も戦国大名の支配体制に組みこまれ、下級の家臣として、合戦時には軍勢を下支えしていた。

地侍たちが大名の軍役に応じるのは、御恩と奉公の関係による。合戦の際に命を懸《か》けて戦うのは、大名から土地を安堵してもらうためである。この時代、「競望之輩《きょうぼうのともがら》」といって権利を侵害しようとするものが多く、地侍どうしの争いや小競り合いも絶えなかった。彼らが安定的に地代を徴収するには、どうしても上級権力の庇護《ひご》を求める必要があったのである。

たとえば、駿河国泉郷《いずみごう》（清水町）の地侍杉山一族は、同じ地侍の飯尾《いいお》一族から脅威を受けていたらしく、杉山一族の縫殿助《ぬいのすけ》がその競望之輩（飯尾家）の脅威に対して、今川氏真《うじざね》（今川義元の嫡男）から、

「競望せしむといえども、これまた先《さき》の判形《はんぎょう》の旨にまかせて、永らく相違あるべからざるものなり」

という安堵状を受け取っている。

「先の判形」というのは、縫殿助の父善二郎の時代に、今川義元から受け取った安堵状のこと。主君が義元から氏真へ、配下の地侍が善二郎から縫殿助へ、ともに代替わりしたため、安堵状があらためて発給されているのである。

こうして地侍に対して安堵状を交付し、その見返りに軍役を求めるのであるから、戦国大名といえども、地侍の権益（地代）を侵すことはできない。

とはいえ、地侍たちは、場合によっては年貢の四倍近い地代を享受していた。これはいくらなんでも取りすぎだ。

武田家でもさすがにそう考えたようだ。

ただし、ここでいう武田家は信玄を輩出した甲斐《かい》（山梨県）の武田家ではない。若狭《わかさ》武田家である。

武田家はもともと甲斐の守護であったが、その後、承久《じょうきゅう》の乱（※1）などの功績により、安芸（広島県）の守護もたまわり、のちに若狭（福井県西部）の守護職も手にした。信玄の武田家は守護から戦国大名化したが、若狭の武田家もそうであった。

若狭武田家は戦国時代、五代目の元信《もとのぶ》の時代から、元光《もとみつ》（六代目）・信豊《のぶとよ》（七代目）まで栄えた。

その信豊の代の天文二十二年（一五五三）十一月十日付で、三方郡耳庄《みかたぐんみみのしょう》（美浜町《みはまちょう》）の地侍野崎次郎右衛門尉《のざきじろうえもんじょう》へ発給した安堵状に、

「国中買地方臨時の諸役申しつける」《くにじゅうかいちがたりんじのしょやく》

と記載されている。

買地というのは地侍らが買い付けた土地のことであり、その土地からあがる純利益のう

ち、定得分や加地子といわれる地代をさしているのは明白だ。その地代に対して臨時の諸役を申しつけるというのである。

戦国大名家の主な収入は、いうまでもなく直轄領の領民からの年貢である。それを現代の企業になぞらえると、一般的な利益である「営業利益」に該当しよう（169ページで詳述）。

一方、企業活動で毎期ごとに経常的に生じる利益を「経常利益」という。売り上げから本業にかかったコストを差し引いた部分が「営業利益」であり、この営業利益に金融収益（たとえば預貯金や株式投資に伴う配当）などといった本業以外の損益を加えたのが「経常利益」である。

これも174ページで詳述するが、戦国大名は家臣らに対して貸付をおこない、実際に金融収益をあげている。

一方、企業会計上、「特別利益」というものが存在する。金融収益をプラスした経常的な利益とは別に、特別な要因で一時的に発生した利益のこと。不動産売却による利益や有価証券の評価利益などをいう。

この「国中買地方」は、臨時に申し付けるものであり、経常的に確保できる利益とはちがう。

つまり武田家は「国中買地方」という臨時益（特別利益）によって、地侍層が享受している高い地代の一部を吸い上げようとしたのである。

実際に野崎氏をはじめ、地侍らがこの国役に応じて武田家に地代の一部を納めたことを示す史料はなく、この政策が絵に描いた餅《もち》に終わった可能性はあろう。しかしながら、戦国大名は高い地代の徴収を諦めていたわけではなく、〝徴税しようとする意志〟があったことだけは事実である。

〝マルサ〟の役割をつとめた天台寺院

戦国時代、寺院や神社の経済基盤であった荘園が武士に簒奪《さんだつ》され、ジリ貧になってゆくが、彼らは彼らで知恵をこらし、何とか生き延びようとした。

たとえば高野山。その山内には金剛峯寺《こんごうぶじ》（※2）をはじめ、多くの山内寺院を擁するが、彼らは有力な武士団と師檀《しだん》契約を結び、一族の墓石や供養塔を奥之院に建立させ、寺院を参詣の際の宿坊に指定してもらっていたのである。とくに有力な武将を檀家とすることにより、各寺院には寺領の保全を図るという一石二鳥の狙いもあった。

奥之院の墓石建立は地方武士らを中心に南北朝時代から盛んになるが、墓石の実地調査によって、戦国時代に爆発的なブームを迎えていることがわかっている。その理由は高野山そのものが浄土であり、また同時に弘法大師入定《にゅうじょう》の地（※3）とされていること。弘法大師と同じところに墓石を建立したいという地方武士らの願いが空前のブームを呼んだのだが、その二つをセールスポイントに、高野山は積極的に霊園営業へ乗り出したのである。〝皆さんも高野山に墓地を建立してみませんか〟というわけだ。

この結果、北条早雲（高室院《たかむろいん》）、武田信玄（成慶院《せいけいいん》）、上杉謙信（清浄心院《しょうじょうしんいん》）、徳川家康（蓮《れん》花院《げいん》）、真田昌幸（蓮華定院《れんげじょういん》）などなど。著名な武将が各山内寺院と契約し、奥之院に墓をつくった。これが高野山奥之院に多くの戦国武将が眠る理由であり、筆者は〝高野山は霊園営業のパイオニアだった〟とみている。

この高野山の例は特別だが、当時、一般的にいうと寺社は、荘園に代わる経済的基盤を地代に求めた。彼らも地侍と同じく、土地を買い集め、その地代を確保しようとした。この時代、寺社も地主だったのである。

滋賀県米原市にある観音護国寺（通称・大原観音寺）もそのひとつである。

ちなみに、石田三成が秀吉に茶を献じた逸話で知られる観音寺は長浜市にあり、こことは別（ただし、この大原観音寺を出会い寺だとする説もある）。

大原観音寺は近江最高峰・伊吹山麓にある天台宗の寺。寺の史料によると、文明八年（一四七六）年に本堂を建立する際、姉川の下流に住む村人らが大勢、勧進《かんじん》（※4）に応じている。これは、大原観音寺が姉川の水をつかさどる神に関係していたためだ。コメ作りに水は不可欠だから、姉川流域の地侍や百姓らが本堂建立のため寄付していたのである。

ところが、大原観音寺はその時代、大原地方（米原市）に所領をもつ国人領主（武将）の〝脱税摘発〟をサポートしていた。その武将・大原家は、近江守護佐々木家の一族で、家格は同じ近江出身の浅井長政（前出）よりはるかに上。室町幕府将軍の奉公《ほうこう》衆（※5）をつとめた武将でもある。

大原家と大原観音寺の関係を示す史料によると、寺は、大原家に段銭免除の礼銭を支払い、寺領を安堵してもらっていた。段銭は、後述するように戦国大名や国人領主らの大きな財政基盤（180ページ参照）だっただけに、礼銭を徴収しているとはいっても、それを免除するのは破格の扱いといえる。

もちろん、大原家が宗教的な理由で大原観音寺を保護していたとも考えられるが、問題は寺が段銭免除の見返りに、買い取った土地の明細を大原家へ差し出している点にある。

　この大原観音寺も新たな経済基盤を地代に求め、土地を集積している。土地を買い集めている以上、土地の所有者であることを証明する証文、つまり売券が存在する。売券には、売り主や土地の所在地・面積のほか、年貢斗代などの詳細なデータが記載されていることもすでに読者はご存じのはずだ。

　一方この時代、隠田《おんでん》といって、税（年貢）を逃れようとする脱税手法も横行していた。ただ隠すといっても、マルサ（国税局査察部）の査察を受けて、現ナマや有価証券の類を花瓶に隠すようなわけにはいかない。なにしろ、相手は土地なのだ。では、どうやるのか。たとえば、大原観音寺に寄進された半段の土地の売券には「ただ荒野なり。公方（年貢）無一円なり。得分七斗五升」と記載されている。

　ここは荒野であり、耕作に適さない土地だから年貢はかからないと書かれてあるのだ。しかし、荒野であるというのは、明らかに年貢を逃れるための方便である。というのも、半段で七斗五升という得分（地代）が、荒野にしては高すぎるからだ。

　一段あたりに換算すると、「七斗五升×二＝一石五斗」となる。21ページに掲げた小堀家の土地も、一段で同じ一石五斗の純利益をあげている。荒野で一般の土地と同じだけの生産力があるというのは解《げ》せない。つまり、この土地を耕す農民たちは、純然たる耕作地であるにもかかわらず、荒野であると偽り、年貢逃れを画策していることになる。繰り返しになるが、売券にはふつう年貢の有る無しや年貢の額（斗代）が記載される。しかも前述した売券には、無年貢である理由まで書かれている。領主にとって売券に書かれた情報はいわば宝の山。情報を精査することによって、農民たちの脱税行為を白日のもとに晒《さら》すことができる。

つまり大原観音寺が買い集めた売券に記載された情報をもとに、土地の明細を領主の大原家へ提出することによって、大原家は農民の脱税行為を把握することができる。いわば、大原観音寺（地主）は、領主にとってマルサの役目を担っていることになる。大原観音寺が段銭を免除されるのは、こうした脱税摘発装置の役目を期待されているからであった。

以上の事実関係から、領主の思惑や事情がいくつかみえてくる。

「流浪の大名」今川氏真《うじざね》と地侍

まず第一に領主たち（荘園領主や国人領主のほか、戦国大名も含む）は、地主（主に地侍や寺社）が土地から吸い上げる地代には比較的寛容だといえる半面、年貢の未納、つまり脱税行為に対しては、寺社にマルサの役目を担わせてまでも徴収しようとする執拗《しつよう》さが目につく。

それはひとえに、年貢が領主権力の根幹をなしているからであろう。

地主が売買によっていかに高い地代をえようと、それは地主の経済行為にもとづく代償である。ところが、年貢は経済外的強制力をもっている。額の多い少ないの問題ではない。仮に一斗や二斗であったとしても、それを黙って見逃すことは、領民に甘くみられ、領主権力そのものにかかわる問題となるからである。

次に、領主といえども、こうして地主が集める売券の情報がなければ、農民たちの脱税工作を摘発することができないという事情があった。地主が土地を集積することはすなわち、土地売買を証明する証文として売券を集めることに他ならない。

たとえば、地侍の中家に伝わる『中家文書』には中世売券として、中家らが買い集めた土地の売券八二〇通が収められている。一部同じ土地を含んでいるとはいえ、この場合、中家はおよそ八〇〇ヶ所におよぶ土地の情報を握っていることになる。

しかも地侍の場合、国人領主にくらべて土地の土着性がはるかに強く、売券を通じて、どこそこの田地では何斗、また、かの畑地では数斗というように、農民が領主に納める年貢の額をほぼ把握している。だからこそ、売券は宝の山であったといえる。

したがって、地主にはマルサの役目はもとより、徴税行為そのものを担う役割もあった。たとえば、北近江の戦国大名浅井長政は永禄九年（一五六六）、坂田郡常喜《じょうき》村（長浜市）の農民に、「年貢諸公事物」を西黒田村（同）の地侍加藤九郎次郎に「納所《なっしょ》すべし」（＝納めるべし）と命じている。戦国大名らの領主は、地主（地侍や寺社）に、税務署の業務（徴税業務）を代行させていたのである。

彼らの存在がなくては税の徴収もままならず、そのために領主は地侍をはじめとする地主が高い地代を享受している現実を知りつつ、黙認していたといえるだろう。

若狭武田家では臨時の諸役をもうけ、地侍らの地代を〝国庫〟に納めさせようとしたが、これがどれだけ現実的な政策であったかどうかは疑問。理想を法令化しただけに過ぎなかったのではなかろうか。

戦国大名が「指出検地《さしだしけんち》」と呼ばれる手法によって土地の把握に努めたことはよく知られているが、これも、地侍らによる自己申告が主であった。

駿河国富士郡賀嶋《かしま》（富士市）の地侍神尾《かみお》家の例でみてみよう。

天文二十四年（一五五五）、神尾家は今川義元から検地を命じられ、金額にしてあらたに五二貫七〇〇文（一貫≒一石）の増益分を届け出た。この五二貫七〇〇文は土地の純利益に相当する。このうち三五貫五〇〇文が年貢分となり、残る一七貫二〇〇文が加地子（地代）として神尾家の身入りとなる。

ここでは地代の額が年貢のそれを下回っている。それについては別に検討してみなければならないが（162ページ参照）、このとき、神尾家に申告させることによって、義元はようやく領国内で五二貫七〇〇文の増益があった事実を把握できたのである。

戦国大名らにしてみると、地侍らに納税業務を代行させ、安堵した地代相当分に応じた軍役さえ確保できれば、それでよかったのだろう。

永禄十二年（一五六九）八月四日当時、今川氏真は、武田信玄の駿河侵攻によって居城の駿府（静岡市）を追われ、すでに掛川城に入っていたが、その掛川城も徳川家康に明け渡して蒲原《かんばら》（同）へ行軍していた。父義元の時代に駿河・遠州・三河に覇を唱えた今川家も、こうして浪々の身となっていたのである。

その氏真はわざわざ同日付で地侍神尾家（当時の当主は藤四郎）に安堵状をだし、地代を安堵している。この浪々の行軍に神尾藤四郎を随行させる目的で、氏真が安堵状を発給したものとみられている。

繰り返しになるが、こうして軍役に応じてさえいれば、地侍は地代をわがものとすることができた。やはり戦国大名たちの第一の狙いは軍役の確保であり、土地の純利益の内から地侍らが地代を懐にしている事実は二の次。地侍たちが経済行為によって買い集めた土地の地代徴収については、黙認せざるをえなかったといえよう。

しかし、そのことを黙認できない人物がやがて登場する。豊臣秀吉である。

ただそれは秀吉が個人的に地侍らの地代に敏感であったという以上に、戦国大名らが成し遂げられなかった全国統一を達成できたからこそ、黙認できなくなったという言い方ができよう。

戦国時代も末期になると、各地で大勢力が結集されるようになる（尾張・美濃・伊勢と北陸や畿内を抑えた織田家はその最大の勢力であった）。そして、織田家を引き継ぐ形で天下統一に乗り出した秀吉が他の大勢力（越後の上杉・中国の毛利・東海の徳川・四国の長宗我部・九州の島津・関東の北条・東北の伊達や最上ら）を従属させた結果が天下統一である。

こうして戦国大名が大勢力となって強大な封建権力が出現するようになると、それに反比例して地侍らの力が相対的に弱まった。

詳細は後述するが、すでに地侍たちに頼らなくても年貢を徴収できる仕組みができあがったこととも関係していよう。

秀吉は天正十二年（一五八四）暮れ、小牧長久手で戦った家康と和睦し、四国・九州と関東以東を除いてほぼ全国統一を果たす。それ以降、「太閤検地」を本格化するのである。ただ、秀吉が近江賤ヶ岳《しずがたけ》の合戦（長浜市）で柴田勝家を討ち取り、信長の継承者としての地位を不動にする以前の同十年（一五八二）七月、近江国の一部で、すでにのちに太閤検地と呼ばれることになる政策を実行していた。

ちなみに、秀吉は同十九年（一五九一）に関白を甥の豊臣秀次《ひでつぐ》に譲るまでは太閤（※6）ではなかったが、学術上、秀吉が天正十年以降に実施した検地を太閤検地と呼んでいる。

「石高」の正体

その太閤検地とはどのようなものであったのだろうか。

かつて、ネゴロス共和国の一員として地侍（中家）が一時代を築いた熊取では、文禄三年（一五九四）と慶長四年（一五九九）に太閤検地が実施されている。では、その太閤検地を経て、江戸時代の土地制度がどうなったのかを確認してみよう。

前述したように、熊取地域において地侍たちは戦国時代、年貢の四倍近い地代（定得分や加地子）を享受していた。

ところが、二回目の太閤検地（慶長検地）から五〇年ほどたった慶安四年（一六五一）の売券には、「無加地子」と明記されている。この土地から地代は発生しないと断りを入れているのである。当時、熊取は岸和田藩領に組み入れられており、あとあと地代を伴う土地であることが藩側に知れたら大変だから、この売券を作成した者がわざわざ「無加地子」という断りを入れたのだろう。

地侍が地代を取り放題だった状況が、半世紀後にはきれいさっぱり整理されているのである。

では、秀吉はどのような魔法を使ったのだろうか。

まず太閤検地の特徴は検地奉行を決め、その指導のもと、現地で土地の面積を実測することを原則とする。これまでのように現地サイドの自主申告に頼るのではなく、竿入れといって、領主側が六尺三寸（約一・九メートル）棒を奉行の配下にもたせ、現地で測量をおこなわせるのである。背景に巨大な権力がなければ、とてものこと、こうはいかない。

そして実測の結果、一段（三〇〇歩《ぶ》）あたりの土地の等級を決めて土地の収納高を決める。たとえば、尾張でおこなわれた検地の場合、「上田《じょうでん》」は「一石五斗」、「中田《ちゅうでん》」は「一石三斗」、

「下田《げでん》」は「一石一斗」と定められた。

土地によって異なるが、尾張では一石一斗から一石五斗の収納高が石高となるわけだ。

これを基準に尾張の石高を考えてみたい。尾張の〝ある村〟に上田・中田・下田がそれぞれ五〇段ずつあったとしよう。

①　上田（一石五斗）×五〇段＝七五石
②　中田（一石三斗）×五〇段＝六五石
③　下田（一石一斗）×五〇段＝五五石

となり、①〜③の合計一九五石がその村の石高となる。そして、尾張の村々の村高をあわせた総合計が尾張国全体の石高になるという考え方だ。当時の社会はコメ本位制が基本だから、石高がそのまま経済力を示すことになる。ちなみに、人が一年間に消費する米の量が一石（約一五〇キログラム）だといわれるから、それを基準にして考えると、該当する石高がどれくらいの経済力を有するのか見当がつくだろう。

ところで、尾張の場合のみならず、上田の石高を一石五斗と定める例は全国の太閤検地でよくみられる。

この一石五斗という数字、読者の皆さんはすでにお気づきのことと思う。近江の地侍小堀家の売券の項で指摘した一段の土地の純利益も一石五斗であった。太閤検地において、いちおう上・中・下の等級を定めているものの、厳密に土地の生産量を弾き出しているわけではない。いわば、これくらいの土地（面積のほか、耕作に適しているか否かなどを勘案して決めたのだろう）であれば、一石五斗を徴収しても翌年の生産に差し支えないだろうという線で数字を弾き出したにすぎない。こうして一石五斗が、生産に関係する気候風土などにかかわりなく、上田としての標準的な石高となったと考えられる。

土地の生産高をそのまま領主や地主が収奪してしまうと、田を耕す農民の取り分（いわば人件費）や諸経費（肥料代など）が捻出できず、翌年の生産に差し支える。その意味でいうと、この一石五斗という数字は、農民を〝生かさず殺さず〟、利益を上げるギリギリの数字ということになろう。

中田・下田もその上田の石高に準じ、尾張の場合、二斗ずつ減じたに過ぎない。

よく「石高＝（土地の）生産高」とする解釈をみかけるが、厳密にいうと、石高とは総生産高から農民の人件費を含めた諸経費を差し引いた残りの純利益分であり、すべて領主層が収納しても、翌年の作付《さくづけ》に影響しない部分。したがって生産高ではなく「収納（可能）高」というべき性質のものであろう。

ただし、太閤検地は全国一律に「一段＝三〇〇歩」で計算されている。戦国時代、全国的に「一段＝三六〇歩」が相場であった。より少ない面積で戦国時代と同じ収納可能高（土地の純利益）を稼がねばならず、そうなると経費を削減しなければ、それだけの余剰を残せなくなる。

企業社会のリストラにたとえると、まず真っ先に削れる出費は人件費。つまり、農民自身の取り分を削るしかない。このためテレビの時代劇で、豊臣政権に従属した地方の戦国大名（たとえば、奥羽の伊達政宗あたり）の家臣が「そのようなことをしたら民《たみ》が塗炭の苦しみを味わう。関白殿下は百姓の出と聞いたが、なぜ百姓らをお苦しめになられるのか」と嘆くシーンをみかける。

たしかに、それだけみたらそうなるが、じつは初期の太閤検地においては、「損免」といって、年貢収納高から差し引く減税措置がなされていた。

山城国（京都府）北山村（京都市）の大徳寺《だいとくじ》領でおこなわれた検地の帳簿（検地帳）には「無免」などとともに、「半免」「一免半」「二免」などの記載がみえる。

無免というのは減税措置が適用されず、収納高のすべてを年貢として徴収するという意味だが、半は収納高の五分引《ぶび》きを意味し、同じく一免半は一割半引き、二免は二割引きをいう。二免の場合だと、収納高から二割引きした分は農民側の手元に残ることになるわけだ。

現在の税制でいう税額控除などにあたるものだろうか。個人事業主が確定申告する場合に、総収入から諸経費を差し引いた残りが所得となるが、もちろん、このすべてが税金の対象額となるわけではない。基礎控除や扶養控除などのほか、社会保険料を差し引くことが認められている。それとほぼ同じだと考えればよいだろう。

戦国時代、領主と地主らで配分されてきた収納可能高（土地の純利益）は、太閤検地によって、いまみてきた損免分を除いてすべて領主のものとなったのである。

次に、そのことについてみていこう。

検地によって測量された土地は一筆《いっぴつ》（※6）ごとに検地帳に記載されるが、その場合、名《な》請人《うけにん》といって、土地一筆ごとの耕作責任者の名も書き留められる。その検地帳記載の名請人となったのは、実際に土地を耕す農民らであった。

これまで地侍（地主）が事実上、土地を支配してきたが、秀吉は彼らではなく、土地を耕す農民を〝一本釣り〟して、耕地の責任者兼納税の責任者とした。これを「一地《いっち》一作人《いちさくにん》制」といい、地侍たちは排除された。むろん地侍たちも直営の土地（ただし、その場合でも彼らは下人《げにん》らを使って土地を耕していた）をもち、そこではこの原則に基づき名請人として登録されている。

しかし、彼らが地代（定得分や加地子など）として純利益分を中間搾取（いわゆるピンハネ）してきた土地については、そこの作人（耕作者）である農民が責任者となった。彼らは責任者となった以上、滞りなく年貢を納める義務を担うが、その一方で、これまでの地主の支配から独立することになる。こうして生産する「高」をもつようになった農民を「高持ち百姓」（自営農民）と呼ぶ。

このようにして土地の一元支配が実現した。これまで同じ一段に複数の権利者（領主と地主ら）がいたため複雑化していた構造が「兵（領主）と農（耕作民）」という単純明快な二階層に分けられ、基本的に土地の純利益分のすべてを「兵」が徴収することとなった。これが「兵農分離政策」といわれる太閤検地の凄味である。また、この一元管理は各大名の領国単位に広がり、さらには全国規模でおこなわれることとなる。

結果、領主の徴税もスムーズにおこなわれるようになった。一段ごとに納税の責任者となるのが名請人。その名請人が検地帳に記載され、確定しているわけだから、領主は代官を通じて一律に徴税できるようになり、もはや地主をマルサ代わりにして、農民の税金逃れをチェックする必要もなくなった。こうして大名たちは、家臣たちを知行地と切り離し、城下町に住まわせる体制が整った。石高という数字だけで知行地を動かせる時代になったのである。

だがその一方、大名自身も武家政権の支配者（豊臣政権や徳川幕府）によって、石高をベースに転封《てんぷう》・移封《いふう》（いわゆる国替え）が繰り返される憂き目をみることになる。江戸時代の大名が〝鉢植え大名〟といわれるように、土地の一元支配が完成したことによって、まさに植木鉢へ盆栽を次から次へと植え替えるごとく、領地替えが可能になったのである。

象徴的な例が越後（新潟県）だ。

越後一国は十一藩に分割された。十一藩とは、長岡・村上・高田・糸魚川《いといがわ》・新発田《しばた》・村松・与板《よいた》・三根山・三日市・黒川・椎谷の各藩。最大の石高を与えられた高田藩でも十五万石だ。また江戸幕府の直轄領である天領が現在の新潟市をはじめ、六ヶ所にもうけられた。さらに小千谷などを会津藩、柏崎を桑名藩の飛び地とし、米沢藩・上ノ山藩・高崎藩・沼津藩などの飛び地もあった。

これは、幕府が〝第二の上杉謙信〟を出さないようにするための処置であった。家康は甲斐の武田と越後の上杉の力を恐れた。とくに上杉家は越中（富山県）から能登（石川県の一部）にかけて勢力を奮《ふる》ったが、その経済的基盤は大国の越後にあったからだ。
このようにして幕藩体制が完成するのである。

「地侍の反乱」と黒田官兵衛

その幕藩体制によって一方的に割りを食ったのが、地代という既得権益を奪われた地侍（地主）層であった。

かつて自分たちが支配してきた作人らが高持ち百姓として独立したため、領主層からみたら、高持ち百姓と横並びの存在となる。小堀家や黒田家のように大名として下剋上《げこくじょう》の階段をかけあがっていた者をのぞき、地侍という中間層は階層として消滅し、江戸時代の身分制度下において等しく「農」に分類されることになった。パラダイスだった戦国時代から一転し、秀吉の天下統一は彼らを不遇な立場に追いやる結果となった。

実際にネゴロス集団の一員として〝地侍共和国〟を支えた和泉国の地侍中家も、大庄屋格という体面を保ったものの、「農」の身分として幕末維新を迎えることになる。

したがって、太閤検地の実行に猛反発し、全国各地で地侍らの反乱が相次ぐ。

とくに顕著だったのは九州。天正十五年（一五八七）に九州は平定され、秀吉はその直後に配下の大名に知行分けをおこない、佐々成政《さっさなりまさ》に肥後（熊本県）一国を、黒田官兵衛に豊前国（福岡県東部と大分県北部）八郡のうち、六郡を与えた。

しかし、肥後の成政は地侍らの一斉蜂起《いっせいほうき》という失態を招き、肥後を召し上げられ、秀吉に切腹を命じられる。その肥後の反乱の渦中、豊前でも地侍らが蜂起した。

官兵衛が領した豊前六郡には検地帳が残り、彼も秀吉の方針にしたがい、太閤検地を実施していたのである。その結果、官兵衛は生涯の汚点と呼ばれる事件を招くことになる。

官兵衛はいうまでもなく、NHK大河ドラマ『軍師官兵衛』の主人公であり、まだ読者の記憶の新しいところだと思われるので簡単に経過を振り返ってみたい。

反乱の勢いが広がったのは、肥後の反乱鎮圧のために官兵衛が豊前を留守にしていたとき。江戸時代に編纂《へんさん》された黒田（福岡）藩の正史である『黒田家譜』には馬ヶ岳城《うまがだけ》（当時の黒田家の居城＝行橋市）に残った長政の奮戦が記録されている。

とくに黒田家へ徹底抗戦の構えを示したのが、地侍らと結託した宇都宮鎮房《しげふさ》。豊前国の城井谷《きいだに》の萱切城《かやきり》（築上町）に居城したことから城井氏ともいわれる。居城の萱切城（大平城・城井城ともいう）は難攻不落の山城で知られている。

官兵衛の留守中、長政が二〇〇〇の兵でこの城を攻めて大敗した。なにしろ萱切城は「豊前第一の切所《せっしょ》なり」（『黒田家譜』）といわれる山城だ。三方を山に囲まれ、谷深く、撤退しようにも細い道が一条あるのみで道の左右には難所が多く、下っていくと道の両側は深田になっている。敵に包囲された長政は、その道を撤退するしかなかった。

それでも背後から敵が迫ってくる。しかも敵は、道の左右の藪陰や岩の陰に潜んで弓矢を射かけてきた。長政は深田に馬の足を取られ、ここに進退極まった。長政は自害を決意するが、家臣の一人が身代わりになり、馬を乗り換えてなんとか虎口《ここう》を逃れた。

その後、長政は城井谷の口に出城をもうけて宇都宮勢と対峙するが、やがて官兵衛が肥後からもどり、豊前の反乱がほぼ鎮圧されると、宇都宮鎮房もさすがに「敵をなしがたく」思うようになり、「小早川《こばやかわ》（隆景《たかかげ》）・毛利壹岐守《いきのかみ》（吉成《よしなり》）・安國寺《あんこくじ》（恵瓊《えけい》）を頼《たよ》りて罪を謝し、孝高《よしたか》（官兵衛のこと）の旗下に属さん事を乞い」、官兵衛は人質を出すことを条件に降伏を許したと『黒田家譜』は記している。

人質となったのは、鎮房の嫡男・朝房《ともふさ》と娘・千代姫（亀姫）の二人であった。

しかし、この和睦は官兵衛の陰謀の一環であった。官兵衛という人はその生涯において、後世の我々からみて卑怯な行為に思える陰謀の記録が少ない。一方、戦国時代は陰謀渦巻く時代でもある。信長・秀吉・家康の三英傑と呼ばれる武将をはじめ、武田信玄・毛利元《もと》就《なり》・長宗我部元親・尼子経久《あまこつねひさ》・宇喜多直家《うきたなおいえ》・最上義光《もがみよしあき》と、陰謀を得意とする武将を挙げだしたらきりがない。戦国時代とはいえ、主力どうしのぶつかり合いはさほど多くはなく、たいていは局地戦。仮に主力どうしが戦っても、できるだけ兵の損耗《そんもう》を軽くするために陰謀を用いて、被害をできるだけ少なくしようとする。現代の経済用語でいう「費用対効果」を考えると、陰謀は手っ取り早く、また、ある程度までそれが容認されていた社会だといえる。

官兵衛も長政から大敗の報告を受けていただけに、豊前国ほぼ一国を預かる身となって、反乱した国人衆一人を相手に多大な犠牲を払う愚《おろ》かさを思い、陰謀という手段を用いることにしたのだろう。

もちろん、『黒田家譜』は卑怯なおこないを嫌う江戸時代になって書かれたものだから、その事実をできるだけ隠そうとした。しかし、厳然たる事実まで消すわけにはいかないから、事実を粉飾しようとしたのではあるまいか。『黒田家譜』には、黒田家に降《くだ》ったあとも、鎮房は「なお要害をかまへ、野心をさしはさめる」状況にあったので、必ず「国（豊前）の仇となるべき者」と考え、謀殺したという。つまり、鎮房は降伏後も叛意《はんい》をみせていたことになる。

その後、『黒田家譜』は陰謀の手口を明かしている。天正十六年（一五八八）の二月、官兵衛はまたも秀吉に肥後への出陣を命じられる。その留守中、当時、すでに築城なっていた中津城へ鎮房を呼び出し、長政に酒席を開かせ、鎮房を殺させたのである。人質の朝房が鎮房の家臣らに取り返されないように官兵衛はわざわざ彼を肥後へ従軍させている（のちに朝房も暗殺される）。

鎮房が降伏後、叛意を抱いていたら、まずもって中津城へのこのこ出かけるはずがない。

『黒田家譜』の内容には矛盾があろう。

また長政が独自の判断で陰謀を巡らせたといわれているが、これだけの大事を彼一人の判断でするわけがない。それに官兵衛が朝房を父の鎮房と引き離している点からも、陰謀の首謀者は、官兵衛自身とみるべきではなかろうか。

千利休《せんのりきゅう》「切腹事件」の真相と太閤検地

秀吉が当代随一といわれる茶人の千利休を処刑（切腹）した理由——それも太閤検地に関係しているといったら、驚かれるだろうか。

まず巷間《こうかん》伝わる処刑の理由を考えてみよう。

① 大徳寺三門（金毛閣《きんもうかく》）に、利休が自身の木像を安置したことに秀吉が激怒したという説

② 娘を側室にしたいという秀吉の申し出を利休が断ったからだという説

まず①については、利休には臨済宗の大徳寺と浅からぬ縁があり、応仁の乱で焼け落ちたままの三門を再興したのは事実。しかし、いくら建立者とはいえ、自身の像を三門に掲げるのは不敬な行為にあたる。なぜなら、天皇や高貴な公卿《くぎょう》らがその三門の下をくぐり、参詣に訪れるからだ。

『千利休伝記御尋《おたずね》之覚書』によると、秀吉は「その門の上におのれの木像に草履《ぞうり》を履かせ置き候段、不礼不義」だとし、利休にいわゆる不敬罪の罪を適用して処罰したことになっている。この史料は、紀州藩に仕えた利休の曾孫が藩の「御尋」に答えた内容をまとめたもの。利休の子孫がいい加減な話を仕官先の紀州藩に伝えるはずがない。以上の話は事実だったのだろう。しかし、金毛閣事件はあくまで利休処刑の口実に過ぎないと考えるべきだ。

では、秀吉が利休を処刑しようとした本当の理由は、②の側室拒否問題だったのだろうか。

前出の『千利休伝記御尋之覚書』にもその話が掲載されている。紀州藩は利休の曾孫に

千利休切腹事件の舞台となった大徳寺山門

「利休生害の理由として、（利休の）娘の話もあるが、それについてはどうか」と質問している。このように利休切腹の理由として、側室拒否説は、当時からあったことがわかる。

しかし、事実と噂はちがう。利休の曾孫も「世上、そういう話が伝わっていますが、しかと存じません」と回答している。たしかに利休に娘がいたのは事実（通説は四人）。秀吉が鷹狩りの帰りにその一人を見染《みそ》め、側室に求める。その娘（亀・綾・吟《ぎん》という名が伝わる）は後家だった。ところが、どの史料を精査してみても、以上の条件にあてはまる利休の娘はみつからない。やはり、秀吉の女好きというイメージが作り出した世上の噂だったとしか思えない。

一方、利休切腹の理由に関連して、茶道具をめぐる疑惑というのがある。

奈良興福寺の僧多聞院英俊は、利休切腹当日の日記にこんなことを書き残している。

「宗易《そうえき》、今暁《こんぎょう》腹切おわんぬと。近年新儀ノ道具ども用意して、高直（高値）にうる（売る）。まいす（売僧）の頂上なり」

ご承知のとおり、宗易は出家した利休の法名。その宗易（利休）が地位を悪用し、新しい茶道具に法外な値段をつけて売っていたというのだ。たしかに利休が一言褒めたらどんなガラクタ茶器でも、たちまち名器に早変わりしたことだろう。同じ僧侶として英俊は、そのような〝売僧の親分〟である利休を許せなかったのではないか。とても〝わび茶〟を大成した茶人の行為とは思えないが、これまた事実かどうかは確認できない。

ただし僧の日記という一級史料に掲載されている話だから、そういう噂があったことだけはたしかなのだろう。

しかし秀吉が利休を必要としていたら、仮にこの話が事実であったとしても、この程度の悪事には目を瞑《つむ》るはずだ。なにしろ利休は、豊後の大友宗麟《おおともそうりん》をして、

「（利休のほか）関白様へ一言申上ぐる人これなし」

と、いわしめるほどに秀吉が重用していたからだ。

ここで通説は壁にぶち当たり、次のような手がかりに突破口を見出すこととなる。

秀吉ははじめ利休を磔《はりつけ》にしようとしていたが、さすがに周囲の反発もあり、それはと

りやめになった。秀吉の親友・前田利家も、大政所《おおまんどころ》と北政所《きたのまんどころ》（秀吉の母と正室）を通じて詫びるようにと利休へ進言している。ところが利休は、

「命おしきとて、御女中方を頼み候ては、無念に候」（『千利休伝記御尋之覚書』）

といって、せっかくの命乞いのチャンスを自ら棒に振っている。

つまり、利休は女に頭を下げてまで助かろうとは思わないと意地になっているのだ。一方の秀吉もそれまで重用していた利休を磔にしようとしているのだから、かなりムキになっていたといえる。

以上のことから、二人ともまず感情が前面に出ていたことがわかる。茶道に対する秀吉と利休の考え方のちがい、つまり芸術的対立論が背景にあったといわれるのも、互いに男どうし、どうしても自分の意見は曲げられないという頑《かたく》なな二人の態度があったからだろう。

しかし芸術的対立論が背景にあったとしても、決してそれだけではなかったはず。では、二人が感情的になるほどの対立点とは何だったのだろうか。

その前にもうひとつ、真相を探る手がかりを紹介しよう。

天正十九年（一五九一）を迎えたばかりの正月二日、利休がいまだ秀吉の懐刀であった

ことをうかがわせる手紙が残っている。

この年は正月の次に閏《うるう》正月があり、その翌月の二月二十八日に利休は京の自邸で切腹して果てている。手紙の日付から切腹の日まで、九〇日にも満たない日数だ。わずかな間に、利休はいわば秀吉の懐刀から一転して罪人として処罰されたことになる。そのわずかな間に何があったのだろうか。

そういう目で日本史の年表をくってみると、ひとつ、豊臣政権にとって重大な出来事が起きていることがわかる。

利休とともに、秀吉の側近中の側近だった弟の秀長が正月二十二日に病死しているのだ。

ここで利休と秀吉が何らかのことで対立していたと仮定しよう。しかし豊臣政権の重鎮である秀長が死去するまでは、彼が〝重し〟の役を果たし、二人の正面衝突を抑えていたと考えられないだろうか。ところが二人を抑える重しがなくなって、利休と秀吉は互いに感情が剝《む》きだしになったのではなかろうか。

そこで次に問題となるのが、利休と秀吉は何について、そこまで感情的に対立していたのか——という一点だ。

茶道に対する利休と秀吉の考え方の相違、芸術的対立論もそのひとつだろう。利休の死後、朝鮮出兵が一気に進むことを考えると、推進派（秀吉）と反対派（利休）という対立構造があった可能性も否めない。

政治史では、主にこの二点を秀吉と利休の感情的対立点とみている。朝鮮出兵問題という政治問題は個人の主義主張に通じるし、茶道に対する考え方も同じく主義主張に関係してくる話だから、いずれも感情的になりやすい対立点だと思う。だが、この二つの理由だけでは、利休切腹の理由として弱いような気がする。政治史の専門家はここで最終的な壁にぶち当たるのである。

しかし、以上の政治・文化史的な対立構造に、社会経済史上の対立という側面を加えてみたらどうだろう。

利休は高名な茶人だが、その前に堺の商人であることを忘れてはならない。利休は屋号を「魚屋《ととや》」といい、和泉国内に流通する塩魚を取り扱い、銀一〇〇両を稼いでいた。また、当時の商人は地侍や寺社と同じく、土地を投機用に買い漁る、いわゆる〝バブル商人〟でもあった。

なぜ〝バブル商人〟といったのかというと、このころの商人は土地投機で暴利を貪っていたからである。彼らが買うのは定得分の部分。

売券には「要用あるによりて」という文言がよく使われる。それまで地代をえていた地主が要用、つまり入り用が生じて定得分の徴収権を売り渡さねばならなくなり、〝バブル商人〟らがその権利を安く買い取るのである。厳密にいうと、〝バブル商人〟らはその土地の「地主的占有者」（27ページ参照）になるわけだ。

あるケースでは、六貫文で定得分（加地子）の徴収権を買い、毎年、一石二斗の地代をえていた。単純に「一貫＝一石」で計算すると、この場合の買い主は投機費用の六貫文を、わずか五年（一石二斗×五＝六石）で回収できる。バブル時代に地価が急上昇し、土地投機がぼろい商売だったことを髣髴《ほうふつ》させる。まさに戦国時代の土地投機はバブル時代顔負けの、うま味のある商売だったのである。

さて利休だが、実際に彼が百舌鳥《もず》（堺市）などで土地を買い漁っていた事実が当時の売券で確認できる。ところが秀吉は前述したように、太閤検地によって地主という中間搾取層を社会から排除し、地主らが地代を徴収してきた既得権益を奪おうとした。

利休が新しい道具に法外な値段をつけて売り、奈良興福寺の多聞院英俊は「売僧の頂上（親分）」と酷評したが、こうなると、地主たちの中でもっとも権力に近い利休は売僧の親分ではなく、〝地主の親分〟的存在だったとはいえないだろうか。

地主の親分である利休が地主の権利を奪おうとする秀吉と決裂するのはむしろ、自然な流れだったといえるだろう。

こうした経済問題は利害問題でもあり、現代の社会でも感情的な対立を招きやすい。実際に利休が切腹した三年後の文禄三年（一五九四）、文禄検地といって、天下統一後初めての大規模な太閤検地がおこなわれている。秀吉の弟秀長の死により、政権内の〝重し〟がなくなって、秀吉と利休は互いにこの問題で感情を剥き出しにしつつ、悲劇的な結末を迎え、金毛閣事件を口実に、秀吉が利休に切腹を命じたのではないだろうか。

「地侍の弱点」をついた秀吉の戦略

以上の経過を踏まえて、政治史では「豊臣秀吉への天皇による全国的支配権の委任」（『岩波講座　日本通史　第11巻　近世1』）を背景に、太閤検地がおこなわれたとする。関白となった秀吉は天皇から全国の支配権を委任され、その強大な政治権力があったればこそ、土地制度上の革命といえる太閤検地が実施できたというのである。

たしかに、その解釈は誤っていない。しかし、ここでも社会経済史的な観点が抜け落ちている。秀吉は地主の既得権益を奪うため、ただむやみやたらと太閤検地を進めたわけではない。むろん強引な面があったればこそ、全国で地侍らが反乱を起こしたわけだが、秀吉は、彼ら地侍らの弱点を知り抜いていたともいえる。

戦国大名が国人領主や地侍を家臣にしているのと同じように、国人領主や地侍にも家臣（被官）はいる。とくに地侍の家臣について、地侍が主に地代を経済的基盤にしていることから、筆者は「地主の被官」と呼んでいる（「「太閤検地」前夜における「地主」と「地主の被官」に関する考察」『佛教大学大学院紀要』）。

41ページで姉川の合戦に出陣した地侍について書いた。地侍の嶋家によって、姉川の合戦に出陣して戦死した一族や近在の地侍の名が記録されており、三〇名が討ち死にしたことになっているが、じつは、その三〇名の中には「地主の被官」が含まれている。その戦死者リストでは「侍分」である地侍の名だけが記録され、

「このほか、また若党《わかとう》・定使《じょうし》・中間《ちゅうげん》などこれを略す」

とあって、侍身分以外の戦死者の名は省略されている。ここでいう「若党」「定使」「中間」が「地主の被官」、つまり、地侍の家臣ということになる。平時には農耕に従事し、地侍へ地代を納める農民である。

戦国時代、農繁期には合戦を避ける傾向があったとよくいわれる。たしかに地侍は農民

を被官化し、戦場へ駆り催しているわけだから、当然、コメや畑作物の生産にかかわる農繁期の出陣は避けようとする。これに対して織田信長は、彼ら農兵を廃してプロの戦闘集団を構築したといわれるが、それは第2章でみていきたい。

さて、その地侍の家臣たちだが、「家臣」あるいは「被官」というからには、地侍と主従関係を結んでいなければならない。主従関係はご承知のとおり、「御恩」と「奉公」の関係で成り立っている。

戦国時代、地主である地侍は、地代の支払いなどを怠《おこた》る農民の耕作権を改替《かいたい》する権利をもっていた。農民が耕作権を取り上げられたら下作人《したさくにん》といって、別の農民（地主の被官）のもとで小作しなければならなくなる。地侍にこの権利を行使されることはすなわち没落を意味していた。耕作する権利を地主にとって安堵してもらうことは必須の条件であり、この安堵こそが「御恩」ということになる。その代わり、地侍が出陣する際には、「若党」「定使」「中間」などとして従軍し、「奉公」しなければならないのである。

ただし、この地侍と彼ら農民との主従関係は決して強固なものではなかった。ある一段の土地をベースに考えてみよう。その土地の地主である地侍が他人に土地を売った場合、土地の権利を失い、主従関係を結んでいた農民から地代を徴収できなくなる。土地を売った時点で農民との主従関係は解消されることになる。つまり地侍とその被官（農民）との主従関係は売買という経済行為によっていつでも解消されることになり、一般的な主従関係より脆弱《ぜいじゃく》であったといえる。

一方、農民と土地との結びつきは強固であった。実際に土地を耕しているのは彼らであるから、現代の企業社会でいうと、彼らは企業運営に熟知しているベテラン社員ということになろう。しかも農民と土地は一体のものとされていた。

応永二十八年（一四二一）の事例だから、まだ戦国の争乱が本格化する以前の話だが、紀伊国の長円《ちょうえん》という地主が、土地を担保に借金している借用状が残っている。

このとき地主の長円は、

「重代相伝《ちょうだいそうでん》の作り子（耕作人）、いや二郎・同子たまる二人分、永代をかぎりて御下人にまいらせ候事しち（質）なり」

として、先祖相伝、昔から主従関係を結んでいた作り子（耕作人）のいや二郎・たまるの父子も土地とともに質入れするといっているのである。

なぜ土地とその耕作人をセットで質入れしているのだろうか。前述したように、彼らは土地の性質を熟知する〝ベテラン社員〟であり、土地だけ担保にとっても、彼らなくして、土地から効率よく生産物を生み出すことができないからである。

このように地主と主従関係を結ぶ被官層（農民）と土地とは切り離せないという社会通念が存在していたと考えられる。

整理してみると、

①地侍とその家臣（被官）の主従関係は経済的行為（売買）によって解消され、脆弱である

②地侍の家臣（被官）と彼らが耕作する土地とは切り離せないという社会通念があり、強固である

ここが地侍の弱点といえる。そこで秀吉は脆弱な地侍とその被官の主従関係につけこみ、土地との一体観念が成立している農民（地侍の被官層）を〝一本釣り〟し、彼らに名請人としての地位を与えたのであろう。

ただし、いま述べた①と②の関係に他の治世者が気づいていたとしても、やはり全国を統一する権力の登場なくしてはできなかったであろう。

これまで売券を突破口に、戦国時代の社会がどうであったのか、時代そのものの台所事情をみてきた。次章以降、戦国大名がどうやって領国の経営をおこなっていたのか。改革を模索しつつも、その舵取りに腐心する実情とその台所事情を探ってみることとする。

※1　承久の乱＝承久三年（一二二一）に、後鳥羽上皇が鎌倉幕府へ討幕の兵を挙げて敗れた兵乱。
※2　金剛峯寺＝もともと高野山全体を指す言葉だったが、平安時代中期に伽藍が荒廃。いまの金剛峯寺は、秀吉が亡き母の菩提を弔うために建立した青巌寺《せいがんじ》を改称したもの。
※3　弘法大師入定の地＝弘法大師空海はいまなお奥之院で瞑想しながら生きているといわれる。
※4　勧進＝僧らが全国で募金などをつのること。
※5　室町幕府の奉公衆＝将軍に直属し、近侍する御家人のこと。
※6　一筆＝墨継ぎしないで一気に書くことを「ひとふで書き」というが、そこから派生した不動産用語だと考えられる。現在では土地登記上の一区画を指す。

第2章

本当に「織田信長」は革命児だったのか？

信長は革命家だったのか？

信長と鉄砲

一六～一八歳ごろの信長の恰好といえば、湯帷子《かたびら》（浴衣）の袖を肩脱ぎにして袴《はかま》の丈は短く、腰には火打ち袋をぶらさげ、髪は髻《もとどり》を紅色や萌黄《もえぎ》色の糸で結わえただけ――。ご存知、〝尾張のうつけ〟といわれたころの信長である。この異装は強烈な自己主張の裏返しだとよくいわれる。

そして、彼は「戦国時代の革命児」ともいわれている。たしかに、信長は革命的と思えることをいくつか成し遂げている。

たとえば安土城。五層七重（地下一階・地上六階）の天守閣はかつて例をみない壮麗さであった。これまで天守はあくまで城のシンボルであり、平素、城主は天守とは別の本丸などに居住した。しかし、その常識を覆し、信長はその天守に住んだと考えられている。

また、その天守閣の下には、懸け造りの「舞台」があったと考えられている。舞台というのは〝清水（寺）の舞台〟で有名な舞台造りの建造物のこと。その舞台の利用方法として参考になる記述が『信長公記』にある。

安土城天守閣址

天正十年（一五八二）の元旦。信長は一族や家臣、さらには城下の民衆を安土城へ呼び寄せ、登城させた。『信長公記』には「おびただしき群衆」と記録されている。石段を登る人々はごった返し、互いに押し合いへし合い、転落死する者まで出た。そして彼らは信長が城内に創建した総見寺を経て、天守閣の下までやって来る。そこには、例の懸け造りの舞台がある。そうして、満を持して舞台上に信長が登場するのである。

『信長公記』にはもちろん、その舞台のことは書かれていない。ただし、

「（登城した者は）御殿主《ごてんしゅ》（天守閣）の下、御白洲ま

で伺候仕る。ここにて面々（信長より）御詞《おことば》を加えられ（後略）」

という記述がある。この記述内容から、天守閣の下までやって来た群衆を睥睨《へいげい》する形で信長が登場し、彼らに言葉をかけた可能性が見えてくる。

だとしたら、信長はわざわざ、城下の者らの年頭の祝賀を受け、それに応えるために舞台を作ったといえなくはない。当時の城としては前代未聞の設備であるといえ、このあたりにも、信長の発想の斬新性が垣間見える。

一方、信長は一年中戦えるプロの戦闘集団を作り上げたともよくいわれる。第1章でみてきたとおり、この時代、農民が合戦に参加することもめずらしくなかった。戦国大名の下級軍役衆である地侍らは被官らを連れて参陣していたが、その被官は農民である。ところが信長は彼ら農民をプロの戦闘要員として雇い入れ、常備軍にしたとされる。『太閤記』によると、尾張中村（名古屋市）の農民の出である秀吉の父木下《きのした》弥右衛門《やえもん》も織田家の足軽だった。

だからといって、信長は一年を通して戦える軍団を作り上げていたわけではない。藤田《ふじた》達生《たつお》氏は信長が上洛を果たすまでの出陣記録を調査され、農繁期を避けて、八月から翌月の四月にかけて集中的に出陣していたことをあきらかにしている（『本能寺の変の群像―中世と近世の相剋』）。

織田家とて、地侍らを家臣の末席に加えている以上、農事と軍事を完全に分離できなかったのだろう。それでも「兵農分離」が実現するのは、豊臣秀吉が太閤検地を実施するまで待たねばならない。

また信長は天正三年（一五七五）五月の長篠の合戦で、鉄砲という新兵器の利点を最大限に引き出した武将としても知られる。

織田信長公の肖像画
（天童市 三寶寺蔵）

この合戦で信長が鉄砲三〇〇〇挺を三段に備えさせたという話は、『信長記』の筆者である小瀬甫庵《おぜほあん》による誇張だが、信長が少なくとも一五〇〇挺以上の鉄砲を用意させたのは各史料からみて事実だろう。それだけの鉄砲が仮に一斉に火を噴いたとしたら、そのシーンを想像するだけで圧巻だ。たしかに、この一戦で戦国時代の戦術は大きく覆った。信長を革命児たらしめる所以である。

しかしながら、〝鉄砲といえば信長〟という後世のイメージができあがったことにより、信長と鉄砲の関係が誇張されて伝わった面は否めない。

天文二十二年（一五五三）、信長がまだ「尾張のうつけ」と呼ばれていた時代の話だ。信長の舅《しゅうと》である美濃（岐阜県）の斎藤道三と信長が尾張の正徳寺《しょうとくじ》（一宮市）で会見した。

そのとき道三は婿《むこ》が本当にうつけかどうか確認しようと、町はずれの小屋に隠れ、信長の行列を観察していた。すると信長は噂どおり、例のうつけそのままの恰好で現れた。ところが、信長は正徳寺で髷を結い直し、折り目正しい正装姿になって道三を驚かせたという有名なシーンである。

無事対面が終わり、道三は側近の猪子兵助《いのこひょうすけ》（のち信長に仕え、本能寺の変で討ち死にする）に対して、

「山城（道三のこと）の子供、たわけが門外に馬を繋ぐべき事、案の内にて候」

つまり自分の息子は信長に屈服することになるだろうと、道三が有名なセリフを呟く。

実際に道三の孫龍興《たつおき》の代に、美濃は信長に奪われる。以上の話は一級史料の『信長公記』に掲載される話ながら、あまりにもうまくでき過ぎている。

『信長公記』は信長の弓衆だった太田《おおた》牛一《ぎゅういち》が日々綴《つづ》ったメモをもとにまとめたものだが、それは永禄十一年（一五六八）に信長が上洛を果たしてからの話（「一巻」～「十五巻」）。それ以前の話は信長の死後、牛一が当時の伝聞などをかき集めて書き足した部分（「首巻」）にあたり、史料の信頼性はかなり落ちる。

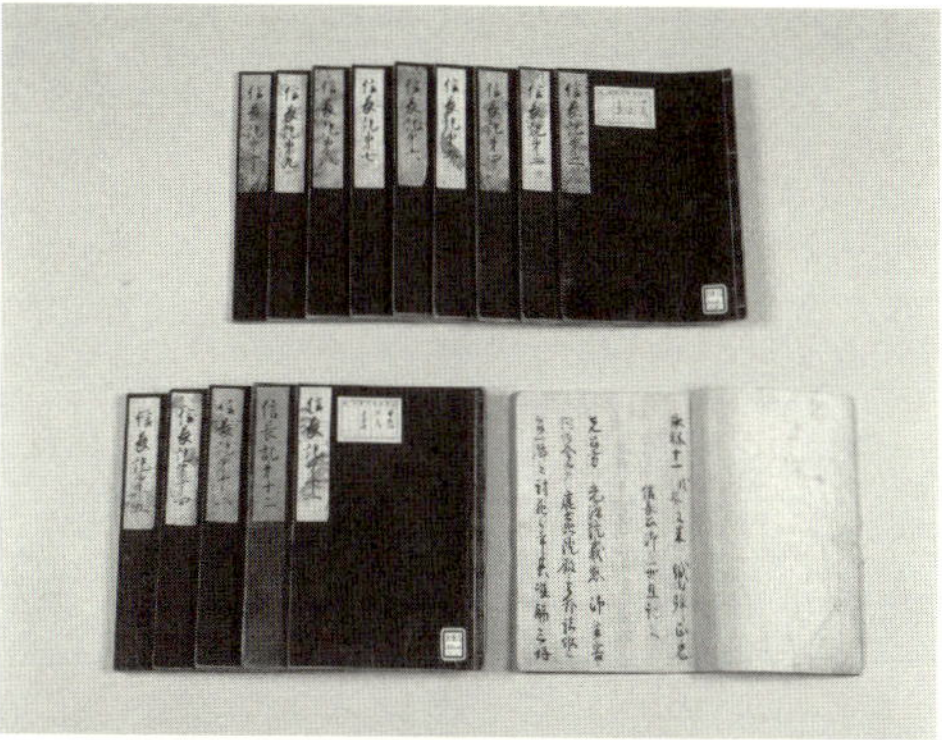
『信長公記』（岡山大学附属図書館蔵）

もちろんこの名シーンすべてが嘘とはいわないが、小屋に潜む道三の前を、信長が足軽らに「弓（衆に）、鉄砲五百挺もたせられ、寄宿の寺（正徳寺）へ御着きにて」とあるくだりは明らかにおかしい。

種子島に漂流したポルトガル商人が持っていた鉄砲に、領主・種子島時尭《ときたか》の目がとまるのは、天文十二年（一五四三）のこととされる。通説によると、まず時尭が鉄砲を薩摩の島津氏へ贈り、島津氏はその鉄砲を十二代将軍足利義晴へ献上。その翌年、義晴が近江国友村《くにとも》（長浜市）の鍛冶《かじ》集団に見本を示し、試しに作らせたことから日本全国に伝播することになったという。

合戦で鉄砲が使われたことが史料で確認できるもっとも古い例は、同十八年（一五四九）五月、島津貴久《たかひさ》が重臣伊集院忠朗《いじゅういんただあき》に加治木城《かじき》（姶良市《あいら》）を攻めさせたときのこと。敵陣との距離は、おおよそ一町（約一〇〇《メートル》）あり、「鉄砲を発し、数月を経て人の耳目を驚かす」（『貴久公御譜中』）とある。こうして何ヶ月もの間、人の耳目を驚かした鉄砲だが、このときにはまだ実戦の武器というより、敵を威嚇《いかく》する手段として用いられていたのだろう。

実際に人を殺傷する手段として使われたことが史料で確認できるのは、その翌年七月。元管領細川晴元（※1）の足軽一〇〇人が洛中で三好三人衆の三好長逸《ながやす》らの軍勢を待ち伏せし、三好の兵一人が鉄砲に討たれて死んだと、公卿の日記（『言継卿記《ときつぐきょうき》』）に記録されている。わざわざ公卿が鉄砲による死亡例を日記に記すほどだから、このときまだ鉄砲はめずらしかったのだ。

いかに信長が進取の精神に富んでいたとはいえ、そのわずか三年後、正徳寺で舅道三と会見した際に、五〇〇挺もの鉄砲隊を組織したとは考えられない。『信長公記』の筆者が信長の死後伝聞をかき集めた際、すでに「信長と鉄砲」というイメージがあったため、五〇〇挺という数だけが一人歩きしていたのだろう。

一方、信長が合戦で鉄砲を用いた確実な例は、正徳寺の会見の翌年。今川勢が尾張攻略の拠点として築いた村木城（愛知県東浦町《ひがしうら》）攻略に際し、信長は城の堀際に立ち、みずから鉄砲隊を率いて大手と搦《から》め手から攻める兵を援護している。

実際に使用した鉄砲の数は不明ながら、このとき『信長公記』に「鉄砲取りかへ取りかへ放させられ」と記されている。のちの長篠の合戦に通じる戦術である。それが事実なら、すでに尾張を統一する以前から信長は、鉄砲という新しい武器の使い道を熟知していたということになる。

いくぶん誇張されているとはいえ、やはり鉄砲という新兵器を用いた戦術は、信長の独創といえるだろう。

信長の独創ではなかった「楽市楽座」

本書のテーマは「社会経済史からみた戦国時代」であり、ここからは、その観点で信長の政策を俯瞰《ふかん》し、筆者なりの評価をしていこうと思う。

まずは楽市楽座である。「楽」とは規制が緩和されて自由な状態となった意味に解される。ようするに特権をもつ商工業者を排除することにより、新興商工業者を育成して経済の活性化を図る政策、つまり規制緩和によって商工業を活性化しようという政策とされる。

信長は永禄十年（一五六七）八月、斎藤龍興の居城稲葉山城（岐阜城）へ入り、その直後に加納《かのう》市場に楽市令を布告する。加納市場とは、現在のＪＲ岐阜駅前付近にあった圓徳寺《えんとくじ》門前の市《いち》である。信長が圓徳寺門前を楽市とすることにより、それまでの商業政策が大きく転換され、中世から近世への窓が開けられたとまで評価されている。

その史上名高い楽市令の高札を次に掲げる。

定　　　　　　　　　　　　　　楽市場
一、当市場越居之者、分国往還不可有煩、幷借銭・借米・地子・諸役令免許訖、雖為譜代相伝之者、不可有違乱之事
一、不可押買・狼藉・喧嘩・口論事
一、不可理不盡之使入、執宿非分不可懸申事
右条々、於違犯之輩者、速可処厳科者也、仍下知如件
永禄十年十月日　　　　　　（織田信長の花押）

まず第一条では主にこの市場にやって来る者の通行を保証し、ここで商売する者の税を免除するといっている。既得権によらず誰もが市に商品を並べ、しかも税は免除されるというのだから、商人にとってこれほど有難い話はない。

岐阜城。現在の城は昭和31年再建

ただしこれはあくまで市場、いまでいう露天商に対する布令であり、こうして城下に人が集まり、賑《にぎ》やかになって来ると、当然、城下の商業店舗も繁盛する。そうなったら、その商業店舗の商人から、たんまり税を徴収すればいいわけだ。したがって、この加納市場は〝露天のアンテナショップ〟のような存在というべきであろうか。別の言い方をすれば〝人寄せパンダ〟の役割を担っていたといえるだろう。

第二条と第三条は市場の防犯に対する規定と考えたらよいだろうか。いくら人で賑わっても、そこが犯罪の温床となってはどうしようもない。

そこで第二条では、押買《おしがい》・狼藉・喧嘩・口論を禁じている。狼藉や喧嘩・口論はわかる。押買とは何であろうか。押し売りの反対言葉で押《お》し買《が》いと呼べばいいだろう。暴力などをちらつかせ、不当にダンピングを要求することなどを含んだ行為だと思われる。

第三条は「理不尽の使い」などを排除するといった規定だ。では、理不尽の使いとは何者なのであろうか。たとえば、既得権益をもった座商人（※2）がこの自由市場にイチャモンをつける行為を想定していたのかもしれない。あるいは当時、市場の商人にショバ代などを要求する行為が横行していたのかもしれない。

しかし、そうした行為を犯したら、「すみやかに厳科に処すべきものなり」といい、最後に信長自身の花押が捺されているのだ。

市場の者にとってみたら、心強い限りであっただろう。また、第一条に「分国往還煩いあるべからざる」と規定されており、その往来の通行を保証しているということはすなわち、往来の安全を保証するという意味にも繋がる。

まさに市場の商人にとっては、いいことずくめ。これだけ優遇かつ保護されていたら、商人たちも岐阜城下に集まってくるはずだ。さすがは信長……といいたいところだが、残念ながら、この楽市楽座は彼の独創ではない。そもそも加納市場の楽市は、免税特権を受けていた寺内町《じないまち》（※3）に対して、新しい領主として信長があらためて市場の既得権益を追認したに過ぎないという見方もある。

信長の楽市令よりも早く、六角家（※4）の居城観音寺城《かんのんじ》の城下（石寺）がすでに一五四〇年代に楽市に指定され、いまでは楽市発祥の地とされている。近江（滋賀県）がやがて商人の国、近江商人の国とされるようになるのも、そのことと関連していよう。石寺（近江八幡市）が楽市で賑わいだすのは、まだ信長が〝尾張のうつけ〟といわれていた時代である。

岐阜の加納楽市場の市神としてあった御薗の榎

信長やほかの大名たちが石寺の繁栄を参考に、楽市政策を推し進めたのである。また信長が旧勢力である座の特権を認めた事例も、脇田修《わきたおさむ》氏によって報告されている（「信長政権の座政策」『龍谷史壇』五六・五七号）。やはり既得権益の壁は厚かったのだろう。

“中世の呪縛”と信長の土地政策

信長が畿内を押さえ、織田政権を発足させると、征服地の畿内・北陸で検地をおこなうようになる。それらの検地を「織田検地」という。代表的な例が、信長が重臣の柴田勝家におこなわせた越前検地である。

その越前検地の実態をみてみよう。次に掲げる史料は、織田家の検地役人が越前国（福井県東部）天谷村《あまだにむら》（越前町）の「御百姓中」に、検地によって確定された村高（およそ七三石）を通知した文書である（掲載したのはその一部）。

（前欠）

同所　　　　　　　畠五反十歩

同　三石七斗九升一合三勺九才

同所　　　　　　　山畑三反

同　壱石五斗

　かたくろ　　　　同壱町五反

同　七石五斗
　ゆの谷　　　　田小五十五歩
同　七斗二升八合一勺一才
同所　　　　畑三反小十四歩
同　壱石六斗四升二合
宮坂はん頭地　　同弐反
同一石
水上宮たら　此内半分番頭地　田壱反小　　　　　同　弐石
（中略）
下村小屋はた向谷　　畑壱町五反
同　七石五斗
向谷　　　　田大廿歩
同　壱石八升三合四才
はか山たうの谷　　畑壱町五反
同　七石五斗

うしろて　　田壱反
同　壱石五斗
（中略）
　以上七十三石二斗五升四合七勺一才
右此分打渡申所如件

前欠になっているため、はじめの「同所」が天谷村のどこをさしているのかわからないが、それ以外は「かたくろ」「ゆの谷」「宮坂」「水上宮」「たうの谷」「うしろて」などの在所名のほか、「下村小屋」のはた向いにある「谷」（向谷）などと、その田や畑の場所を示す言葉が書かれている。

それまでの戦国大名がおこなう検地は「指出」という領民側の自主申告によるものであったが、この越前検地の場合、検地にあたる役人がいて、在所ごとの面積と「高」（斗代）を確定させている。これら在所の「高」の合計が「村高」となる。

こうして織田政権は、天谷村の村高を検地によって確定したということで重要な意味をもつ。おそらく、ほかの村でも同様に村高を把握していたはずだ。これまで村を治めていたのは大名家の家臣である国人領主や地侍たちであり、この検地の結果、織田家が家臣を通さずに、村高を直に把握できた成果は大きい。

たとえば家臣に恩賞として天谷村を与えた場合、その家臣の加増高は村高の七三石分となり、それによって織田家では軍役負担の増加分を把握できる。また、その家臣がなにか失態をしでかして減封や移封をおこなう際にも、村ごとの数字がはっきりしているわけだから、数字（石高）にもとづいて、家臣の所領を動かしやすくなる。

江戸時代、大名が〝鉢植え大名〟といわれ、転封や移封が繰り返され、父祖代々の土地との関係を絶たれるが、これは大名家の家臣とて同じこと。村高の把握なくして幕藩体制は築けないわけだから、信長の検地は「織田検地」として評価され、同時代の戦国大名の検地とは区別されている。

一方、相模国（神奈川県）小田原に居城する北条家の場合、後述するように、「小田原衆《おだわらしゅう》所領役帳《しょりょうやくちょう》」で家臣の知行高を把握しているが、それはあくまで銭（通貨）にもとづいた貫高《かんだか》制（これも後述）であった。それに対して、この越前検地は石高で表されている。当時、広く流通していた銅銭は主に輸入銭に頼り、日本では良質な銅銭が鋳造できなかった。それゆえ、銅銭への信頼が揺らいでいたのである。

さらに「うしろて」という在所の「田壱反」に対して、「一石五斗」という数字が対応していることに注目したい。

一石五斗というと、すでにお気づきの読者もおられよう。第1章で述べた太閤検地の上田が、一段（反）あたり一石五斗に定められている。

次に、「水上宮」の「田壱反小」に対応する斗代をご覧いただきたい。「小」は一段の三分の一にあたる一二〇歩のことをいう（ちなみに、太閤検地では一段三〇〇歩で計算するようになったが、それ以前の中世は一段を三六〇歩としていた）。つまり、「水上宮」の田地は一段一二〇歩の面積があることになる。一段一二〇歩で二石なのだから、一段あたりに換算すると、やはり約一石五斗となる。

おおむね天谷村の土地は、一段あたり一石五斗と定められていることがわかる。秀吉がおこなう太閤検地は、この信長の織田検地で定めた基準石高（一石五斗）を参考にしたといえよう。

こうして信長が土地政策において革命的な意図をもって政治をおこなっていたことは事実である。

しかしながら、その一方で〝中世の呪縛《じゅばく》〟に囚《とら》われていた面も否めない。土地制度における〝中世の呪縛〟とは何か。それは第1章でみてきた地代（得分・加地子）に他ならない。主に地代を徴収する地侍らは中間搾取層といわれ、戦国時代の社会を複雑にしている階層でもある。彼らが中間搾取する地代を排さなければ、江戸時代はやってこない。

太閤検地の項で述べたように一石五斗の斗代は土地の純利益というべきもので、土地の全生産高から農民の人件費を含めて生産に必要な諸経費を差し引いた残りである。その残った部分が領主や地主らの収入となり、領主は年貢を、地主・地侍らは地代を、それぞれ徴収している。

織田政権が地代の確保を目的としていなかったことを裏付ける史料を示そう。天正四年（一五七六）三月一日、信長の重臣柴田勝家が「国中申出条々」、つまり越前一国へ触れ出した掟書である。

全部で七カ条からなる掟書の第二条に、

「手前内徳小成物、先規のごとくなすべき事」

と明記されている。

地侍らが徴収する「内徳」、つまり得分（地代）については、「先規のごとくなすべき事」とし、地主の徴収を引き続き認めているのである。

そして、この布告の翌年に天谷村の検地がおこなわれる。つまり、織田政権は地主の地代徴収を認めたうえで検地を実施していることになる。表現を変えると、織田政権は地侍らの既得権益に手を出さないことを約束し、検地を断行しているのである。織田政権の目的はあくまで大名家である織田家が直に「村」を支配することであり、地主たちが法外な地代を徴収していても、そこには触れずにいるのである。

この検地がおこなわれた二年後の天正七年二月二十七日付の三郎兵衛山林田畠譲状という売券に、妙珍という僧へ譲渡すべき在所のひとつとして、「宮坂」という在所の山林田畑が含まれている。その「宮坂」は先の検地帳に記載される在所である。検地以降も、三郎兵衛が譲状に記載される土地の地代を徴収していたからこそ、妙珍へ山林田畠を譲り渡すことができたのである。

しかも本国といえる尾張においては、中世の土地制度がそのままかりとおっていた。尾張は織田家譜代の家臣らが所領を有しており、信長も彼ら譜代の臣の権益を侵すことはできなかったのだ（詳細は次項参照）。

かの信長をもってしても、〝中世の呪縛〟から逃れることはできなかったのである。

※1　元管領細川晴元＝管領は、室町幕府において将軍を補佐する重職。足利一門の細川・畠山・斯波家が交代で管領職に就くのが慣例とされた。細川家はやがて三好長慶に実権を奪われるが、晴元の時代はまだ管領として畿内の支配権をかろうじて握っていたといえる。

※2　座商人＝戦国時代まで存在した特権的商人による同業組合のことを「座」という。有名な「山崎の油座」を例にとると、離宮八幡宮（京都府大山崎町）の神人《じにん》が座商人となり、同八幡から荏胡麻油を独占販売する権利をえていた。

※3　寺内町＝浄土真宗において顕著にみられるが、寺院を中心に形成された自治集落のこと。彼らは自治特権として「諸公事免除」などの経済的優遇措置を主張するのが常であった。

※4　六角家＝もとは宇多源氏や近江源氏といわれる名族だったが、室町時代に分裂し、六角家は南近江に支配権を確立し、北近江の京極家（同家も近江源氏の一つで六角家と同族）およびその守護代の浅井家と争った。戦国時代、六角定頼《さだより》の時代に栄え、長男の義賢《よしかた》は信長の上洛を阻止すべく戦ったが、敗北して甲賀の山奥に逃れた。その後も、信長への抵抗を続けた。

「名君」織田信雄と豊臣秀次の政策

信長の〝不肖のせがれ〟と清洲会議の謎

織田信長の次男・信雄《のぶかつ》（一説には三男ともいわれる）の評判はかんばしくない。というより、散々といったほうがいいかもしれない。

まず天正七年（一五七九）、信雄は父に無断で伊賀へ攻め入り、伊賀衆の奇襲攻撃によって重臣ら多くの将兵を失った（第一次天正伊賀の乱）。信長はこの〝不肖のせがれ〟の愚行に激怒し、絶縁するとまでいったのである。

そして同十年（一五八二）六月二日、父信長が京の本能寺で明智光秀に討ちとられた際にも、〝不肖のせがれ〟の一面を覗《のぞ》かせている。父信長の死を知った彼は、領国の伊勢から鈴鹿越えで父の居城安土城近くまで来たのはいいものの、そこで引き返している。

しかも、『武功夜話』によると、そのとき信雄は安土城に放火したことになっている。

信雄軍に従軍した兵士が天守炎上を目撃したというのである。当時、安土城が明智勢に接収されていたとはいえ、信雄が父信長の遺産である安土城を放火するとは考えにくい。しかし安土付近まで来ていながら、父の仇を討つ絶好の機会を逃しているのだから、さすがに放火説は冤罪だとはいえ、そういう噂が立つのも仕方がないかもしれない。

一方、信長のもうひとりのせがれ（信長三男の信孝）は、中国大返し《ちゅうごくおおがえし》（※1）に成功した羽柴秀吉（のちの豊臣秀吉）の軍勢に合流し、光秀を討った山崎の合戦で総大将となった。信孝に後れをとり、信雄はここでも〝不肖のせがれ〟ぶりを露呈しているのである。

そののち、清洲会議で信長亡き後の跡目は三法師（信長の嫡孫）に決定する。

このとき信雄と信孝が織田家の家督を争ったと、江戸時代の史料の中には、誤解して記載されているものがある。

清洲会議は新しい織田家の当主を決める重要会議とされているが、まずは果たして本当にそうだったのだろうか。

重要な会議であるにもかかわらず、なぜ信長の兄弟や織田一族の者は一人も出席しておらず、四人の宿老（柴田勝家、丹羽長秀《にわながひで》、羽柴秀吉、池田恒興《いけだつねおき》）にすべてを任せてしまったのだろう。『豊鑑《とよかがみ》』という史料によると、秀吉は本能寺の変後、散り散りになっていた可能性のある信長の妻子らの消息を確認するため、清洲城を訪れたと解釈できる。

通説は、柴田勝家が信孝を後継候補に擁立し、秀吉が信長とともに光秀に討たれた信忠（信長嫡男）の落し胤《だね》（三法師）を対抗馬として担ぎ出したとする。しかし信長存命のころ、信孝は伊勢の名門神戸《かんべ》氏の名跡を継ぎ、その意味ではいったん織田家から出ていった人間だ。

すでに信長は形式上、嫡男の信忠に家督を譲っており、血筋からいっても三法師に織田家の家督は決定していたと考えたほうが無難だ。その証拠に、この清洲会議を直前にひかえて、当時の南蛮人宣教師の間で織田家の家督と信孝について、

「太子（信忠）の幼児（三法師のこと）約一歳なる者の、成人するまでは然るべしといへり」（『耶蘇《やそ》会日本年報』）

という情報が駆け巡っていた。

つまり、まだ三法師は幼いので彼が成人するまでの〝つなぎ〟としてなら、信孝が織田家の家督を継ぐこともありえるというわけだ。逆にいうと、信孝は三法師にバトンを渡すまでの〝つなぎ〟に過ぎないことになる。おそらく清洲会議は、その了解事項を確認する程度の場だったのではなかろうか。

少なくとも、〝信長の不肖のせがれ〟とされる次男信雄が後継候補になることはなかった。

それではなぜ、信孝と信雄が家督を争うという誤解が生じるのか。

そもそも信雄・信孝の兄弟は仲が悪く、三法師に織田家の家督が決定していたものの、「信孝様・三助様（信雄のこと）御両人、御名代（を）御あらそいなされ候」（『金井文書』）という状況に当時あったからだ。

信雄と信孝は互いに、三法師の名代（後見人）になるべく争っていたというのである。

しかも二人の対立はこののち、より深刻になる。清洲会議の結果、荒廃した安土城を整備したのち、後継者の三法師を安土へ移す予定になっていた。ところが、信孝は三法師を居城の岐阜城へ連れ帰り、秀吉側に渡そうとしなかった。

そこで秀吉は頭を抱えることになる。大切な〝玉〟をライバル陣営の信孝・勝家サイドに奪われたからだ。そこで『蓮成院記録《れんじょういん》』という史料によると、十月二十八日、京の本圀《ほんこく》寺《じ》に秀吉陣営の主だった者が集まり、三法師に代わって信雄の擁立計画を巡らすのである。

こうして明けて正月、秀吉らは安土で信雄に正式に織田家の家督を相続させることに成功する。この結果、秀吉の天下統一戦の次のステージである賤ヶ岳《しずがたけ》の合戦では、信雄を織田家の新しい主に担ぎ上げた秀吉陣営が、信孝を奉じる勝家陣営と雌雄を決することになる。

当時の歴史を知る江戸時代の歴史家からしたら、実際に信雄と信孝が織田家の後継を争っているように見えてしまったのだろう。

こうして棚ボタ式に織田家の当主という身の丈以上の地位についた信雄だが、秀吉の傀儡《かいらい》になることを嫌い、徳川家康を味方に引き入れて、天正十二年（一五八四）、小牧長久手《こまきながくて》の合戦を引き起こした。しかも秀吉の巧みな口車に乗せられ、家康に無断で秀吉と単独講和してしまったのだから、ハシゴを外された家康はたまったものではなかっただろう。

同十八年（一五九〇）、小田原ノ役で関東の北条家が滅び、家康が関東へ国替えを命じられると、秀吉は信雄の旧領（尾張と伊勢）を召し上げる代わりに、家康の旧領（三河・駿河・遠江・甲斐・信濃の五国）を与えようとした。ところが信雄は「尾張は先祖の遺伝（織田家はもともと尾張守護代奉行の家柄であった）」（『大日本野史』）といって駄々《だだ》をこね、命に従わず、秀吉の怒りを買うのである。

結局、信雄は居城の清洲城と領地を召し上げられ、蟄居《ちっきょ》に追いこまれるが、その後、徳川家康のとりなしで秀吉の相伴衆《しょうばんしゅう》に列した。

慶長五年（一六〇〇）、関ヶ原の合戦をひかえた石田三成《みつなり》から、因縁ある清洲城（当時は家康方の福島正則《ふくしままさのり》の居城だった）を奪って旧封を回復したらどうかと甘い言葉で誘われ、軍資金として「黄金一千枚」を受け取る約束まで取りつける。

ここで三成の甘言に乗っていたら、のらりくらりと世を渡ってきた信雄も万事休していたはず。さすがに、このときばかりは信雄も、小牧長久手の合戦で「徳川氏わがために義戦し、もって難をのぞくを得たり」（『大日本野史』）といったという。

こうして三成の挙兵の誘いを蹴った信雄は同十九年（一六一四）、大坂ノ役が勃発した際には大坂城にいた。そのころ大坂方は豊臣家の家老片桐且元《かつもと》の去就を怪しみ、彼を誅する動きがでた。そこで信雄はこの企みを且元に告げ、大坂方を捨てその足で家康に謁見したという。

こうして豊臣家が滅びると、信雄は小幡《おばた》（群馬県）などで五万石を与えられる。のちに、この信雄の家系（織田宗家《そうけ》）は天童（山形県）へ転封となるが、改易されることなく無事、幕末を迎える。

以上、信雄の事績をみてくると、世評どおり暗愚《あんぐ》な武将のように思える。関ヶ原の合戦以降は、その信念を貫いたといえるものの、その前半生は〝不肖〟ぶりを如何《いかん》なく発揮している。

“不肖の息子”の改革と「経営刷新ツール」

しかし、意外な一面もあった。信雄は清洲会議の結果、尾張と伊勢を与えられると、父ができなかった土地政策の改革に挑んでいるのである。

そのひとつが寺社領の没収である。

信雄の領国には著名な伊勢神宮があり、日本中の尊崇《そんすう》を集めている。信雄はその伊勢神宮の領地を没収して家臣に与えたのだ。

これに驚いたのは、伊勢神宮の神官。信長の生前、すでに伊勢は織田家の領国となっていたものの、さしもの信長もこの“聖域”には手を出せなかった。

伊勢神宮の神官はあまりのことに、

「今般、神税《しんぜい》をもって人給《じんきゅう》に付け置かるべく御定《おさだめ》これあるよし、すこぶる驚怖《きょうふ》の至りなり」

と絶句している。

尊い「神」の税金を「人」（信雄の家臣）の税金に付け替えるとは、もはや驚きや恐れ多いという次元を通り越しているというのである。むろん、これは秀吉との対決（小牧長久手の合戦・前出）をひかえ、軍備増強と家臣のヤル気を引き出すために、敢えてこのような策に踏み切ったという事情もあったであろう。だが信雄は、こうした政治的な動きとは裏腹に、純粋な経済政策面でも果敢な姿勢を覗かせている。

とくに尾張において、父信長の時代の土地政策を一歩進めた改革をおこなっている点は大いに評価できよう。

戦国時代各地域では、国人衆と呼ばれる国人領主たちが所領の面的な広がりを求め、「一円支配」を志向していた。Aという村を支配したら、その隣のB村へ勢力範囲を広げるといった具合である。それが彼らにとっての理想ながら、なかなか権利関係が複雑に入り混じる戦国時代において、そう単純に事は運ばなかった。ただもちろん、それに成功した国人衆もいる。

たとえば、信雄の家臣吉村氏吉《よしむらうじよし》もそうであろう。

のちに小牧長久手の合戦で活躍することになるが、彼はもともと尾張国に生まれた尾張国人衆で信長の家臣となり、美濃・尾張との国境付近で松ノ木城（岐阜県海津市）を居城にしていた。信長は氏吉を家臣にした際、彼の本貫地を安堵したと思われる。ちなみに松ノ木村付近の高須《たかす》（同）にはのちに一万五〇〇〇石ながら高須藩が成立し、高須に陣屋がおかれることになる。

さて、その松ノ木村だが、氏吉は信長の家臣であるから、後世のわれわれがみたら、当然、松ノ木村は信長の領国に含まれる。しかし村民にとっての領主は、あくまで信長から所領を安堵された吉村家である。信長がいかに自身を頂点とするヒエラルキーを構築していたとはいえ、家臣を所領と切り離さない限り、強固な支配体制は生まれない。

信長は新たに征服した越前などの地域において、越前検地のような先取的な政策を実行しているが、本国である尾張においては旧態依然たる支配体制をとっていた。それはやはり尾張出身の家臣団が織田家の根幹をなしているからであり、信長とてドラスティックな改革を断行できなかったのであろう。つまり信長の時代の尾張は、土地制度でみる限り、いまだ〝中世の中〟にあったといえる。

ところが清洲会議の結果、父信長の遺領である尾張・伊勢両国を受け継いだ信雄はすぐさま、家臣の領地替えを含めた土地制度改革に着手するのである。

氏吉の例でみると、かろうじて本拠地の松ノ木村は残されたものの、彼が宛行《あてが》われた知行地（所領）は、十四ヶ所に及んだ。かなり所領が分散されていることがわかる。

また、このころ信雄が家臣の所領の場所や知行高を調べさせた「織田信雄分限帳《ぶげんちょう》」という帳簿が現存しており、それをみると、同じ村内に複数の家臣が所領を宛行われている。

これを「相給《あいきゅう》」という。

同じ村に複数の領主が誕生することになるが、そうなると村民の意識としては誰が直接の領主かわかりにくくなり、織田家の領国民であるという意識が生まれやすくなる。一方の家臣側からみると、尾張国内に細切れの領地が散らばることになり、知行地の管理は主君である信雄に任せるしかなくなった。こうして信雄は家臣や領民の統制をとれやすくした。いわば「相給」は、領国支配を徹底するための「経営刷新ツール」である。このように尾張の土地制度は信雄の時代に、「中世」から一気に「近世」へと、その幕を開けることになるのである。

信雄はその後も二の矢、三の矢を次々と繰り出し、土地制度改革を続行している。天正十四年（一五八六）七月には「国中御検地」、つまり尾張国一国を対象にした統一検地をおこなう。父信長は越前などの征服地で検地を断行しているものの、本国尾張では手つかずであった。

しかも信雄が尾張でおこなった検地は、史料に「御縄をもって」などという表現がみえ、本格的な検地だったと思われる。太閤検地の場合、縄入れや縄打ちといい、田や畑の面積の測量がおこなわれるが、信雄の検地も測量にもとづく本格的な検地だったのである。

政治的には〝不肖のせがれ〟だったものの、尾張の土地政策では、父信長でさえ成し遂げられなかった事績を残していたのである。

秀吉の〝不肖の甥〟と切腹事件の真相

信雄は北条家滅亡ののち、秀吉の転封命令に逆らい、居城の清洲城と領地を召し上げられる。代わって尾張へ入封《にゅうふう》したのは、秀吉の甥《おい》秀次であった。

秀次はやがて秀吉から関白職を引き継ぎ、京の豊臣政権の政庁である聚楽第《じゅらくだい》（※2）で日本国の政務にあたるから、江戸時代の呼称にならうと、尾張は関白秀次の直轄領、すなわち「天領」になった土地だといえるだろう。

ご承知のとおり、信雄から尾張の統治を受け継いだ秀次も〝不肖〟という名に相応《ふさわ》しい話がいまに伝えられている。殺生関白とあだ名され、最後は謀叛《むほん》の罪で切腹させられる。

文禄四年（一五九五）七月八日、太閤秀吉によって京から追放された関白秀次は七日後の十五日、早くも自害を命じられる。まさに電光石火の処断であった。

しかも類《るい》は秀次の妻や子はむろんのこと、愛妾や側近、さらに側近の妻や子にも及んだ。

とくに京の三条河原に秀次の首をすえ、その前で「御寵愛の衆（秀次の妻妾）三十九人御成敗」（『太閤さま軍記のうち』）される光景は凄惨《せいさん》を極めたという。つまり秀吉は、秀次の一党を根こそぎ、この世から葬り去ったのである。

なぜ秀次一党は、大粛清《しゅくせい》されねばならなかったのか。もっとも早く事件の顚末《てんまつ》を伝えた『太閤さま軍記のうち』（前出）にしたがい、事件の背景を探ってみよう。

まず同書は、秀次の乱行を理由に挙げている。

田畑で農民を見かけると、鉄砲で撃ち殺し、あるときは弓矢の稽古と称して「射貫きあそばし候」という。また秀次が家臣らに千人斬りを命じたため、「若輩のともがら辻斬りをいたし」と記されている。しかも正親町《おおぎまち》上皇の崩御によって本来なら控えるべきところ、秀次は鹿《しし》狩りに興じ、京の町人らに「院（正親町上皇）の御所に、たむけのための狩なれば、これをせつせう（殺生）関白といふ」と皮肉《ひにく》られる。

この乱行に加えて、「御謀反御談合とあひ聞こへ候」ことが直接の容疑となった。そして、秀次をそそのかして謀反に走らせたのが木村常陸介重茲《しげこれ》（山城国淀城主）という側近だったことになっている。

しかし一級史料の公卿の日記などから、秀次の悪行は確認できない。謀反の疑いにしても、

「関白殿（秀次）と太閤（秀吉）と去る（七月）三日より御不和なり。この間種々雑説これあり」（七月八日付『言経卿記《ときつねきょうき》』）

つまり関白と太閤が不和となり、その理由として種々の雑説（噂）が囁《ささや》かれているに過ぎない。御所に勤める女房衆の日記とされる『御湯殿《おゆどの》の上《うえ》の日記』にも、

「むほん（謀反）とやらんのさた（沙汰）御入候て、大かう（太閤）きけん（機嫌）わろく」（七月八日付）

とあるものの、謀反の具体的な内容には一切触れられていない。おそらく、わからなかったのだろう。

こうなると、『太閤さま軍記のうち』の内容が怪しくなってくる。ところが、この話が一筋縄でいかないのは、同書の作者が『信長公記』の作者で有名な太田牛一であるところ。『信長公記』の史料的価値は高く、その作者が唱える「秀次悪行説」と「秀次謀反説」は、権威をもつことになる。ただ豊臣家からの圧力があったのか、それとも自身の意思なのかは不明だが、牛一が筆を曲げた可能性はある（一説によると、牛一が秀吉の遺児・秀頼に秀次切腹事件のあらましを伝えるために書いたともいわれる）。

やはり秀頼誕生こそが、この事件の謎を解く鍵となろう。

天正十九年（一五九一）に秀吉嫡男の鶴松が幼くしてこの世を去った直後、秀次が関白に就任したものの、事件の二年前に第二子の秀頼（幼名・拾《ひろい》）が生まれ、秀吉の気持ちの中に変化が現われた。しかし、わが子が生まれたからといって、いったん関白を継がせた甥を辞めさせたら、諸将への示しがつかない。

そのためには、秀次を悪人に仕立て上げるのが手っ取り早い。ところが、『太閤さま軍記のうち』に描かれる秀次像と実像とは大きく乖離《かいり》していた。殺生関白どころか、秀次が領主だった近江八幡には彼を名君とする事蹟や伝承が残っている。

そこで秀吉は、秀次への〝嫌がらせ〟をはじめる。秀次は関白になった年から翌年にかけて尾張で検地を実施しているが、文禄二年（一五九三）十一月、秀吉はわざわざ尾張へ鷹狩りに出かけ、

「尾張国内、在々すいびせしめ、田畠荒候体《てい》」

つまり尾張国内の田畑は衰微し、荒れ果ててしまっているといい、さらに、

「地下人・百姓に至るまでも、家持ち候は、その在所をあけ、他国へ奉公に罷り出様子」

百姓たちは家や土地をあけ、他国へ奉公に出てしまったなどという文書を発し、秀次の失政を指摘して、秀次が前年に実施した検地をやり直すのである。

次項で詳述するが、近江八幡で名君といわれた秀次が急に尾張で悪政を敷くとは思えない。秀次は関白として京の聚楽第にいて国元（尾張）を不在にすることが多かったものの、秀次が事細かに国元の家臣へ指示したメモも残っている。

しかも秀吉が鷹狩りと称して秀次の直轄地へ行くのは、秀頼が生まれた三ヶ月後。秀頼誕生の知らせに小躍りした秀吉は、朝鮮ノ役の本営である肥前名護屋（佐賀県）から上方へ飛んで帰り、そのあと、わざわざ尾張へ鷹狩りに出かけるのだから、秀吉の魂胆《こんたん》が透けてみえるようだ。秀吉は難癖《なんくせ》をつけることによって、秀次と「不和」であるというムードを醸《かも》しだす作戦に出たのだろう。

「不和」となれば、諸将も、秀次サイドに叛意が生まれたとしても仕方がないと考える――秀吉はそこを狙ったのではなかろうか。

実際に『言経卿記』（前出）は、日記に「不和」の二文字を記し、秀吉の狙いどおりになった。かくして謀反の罪をデッチ上げた以上、嘘が露呈しないために迅速に秀次を処罰する必要がある。そして、この強引なやり方に不平を垂れる可能性のある秀次一党の口を封じるために根絶やしにしたのではなかろうか。

ただし国学院大学の矢部健太郎《やべけんたろう》准教授によって、秀吉の切腹命令は発せられなかったとする新説が発表されている。筆者の説と矢部説とをどう結びつけたらいいのか考えてみよう。

新説のポイントはいくつかあるが、代表的なものを挙げると、朝廷内の女房衆の日記『御湯殿の上の日記』の文禄四年（一五九五）七月十六日付に、

「関白殿、昨十五日の四つ時に御腹切らせられ候よし申す。むしち（無実）ゆえかくの事候のよし申すなり」

という記述があり、まず秀次が無実だと主張している点。

彼は謀叛の罪で高野山の青巌寺《せいがんじ》（現在の金剛峯寺《こんごうぶ》の前身）に追放されており、これまで、このくだりは秀吉側が調べた結果、謀叛について無実が証明されたため切腹になったと解されてきた。無実が証明されなければ打ち首獄門となるところ、罪一等が減じられたという解釈だ。

たしかに秀次は謀叛の罪のほかにも、前述したような日頃の不行跡を糾弾されている。しかしながら不行跡が事実だとしても、謀叛の疑いが無実だとわかった以上、切腹という処分は重すぎる――現代人の感覚からいうと、当然そう思うはずだ。

つまり秀次は冤罪《えんざい》を押しつけられ、その無念さを天下に示すため、自身の意志で切腹し

たというのである。

さらに、さきほどの日記の「切らせられ」という記述。これまでは秀吉が「切らせた」と解されてきたが、新説は敬語の「お切りになった」と読むべきだと指摘する。

たしかに秀次が切腹した青巌寺は秀吉が生母の菩提寺として建立した寺院だけに、秀吉がなぜ、その神聖な場所を血で汚すかという疑問はあった。秀吉が秀次の関白職を剝奪《はくだつ》し、高野山に追放して政治的生命を絶つだけで満足していたのなら、その謎は解ける。

そして、これまでの最大の疑問は、いかに天下人の秀吉といえども、関白を退いた彼が現職の関白に切腹命令を出せる法的根拠があるのかという疑問だった。

関白は「万機に関（預）かり白（申）す」職。天皇の代理として万機に携わる重要なポストだ。しかし、この疑問について筆者は次のように理解していた。

秀吉は関白を退いたとはいえ当時、朝廷の官位でいうと太政大臣に就いていた。太政大臣と関白とどちらが上位なのかはまた難しい問題だが、朝廷内の席次は「太政大臣の秀吉」が「左大臣関白の秀次」より上位。この関係から、「太政大臣の秀吉」が「左大臣の秀次」を切腹させることは法的に可能ではないかと。

もちろん、新説の指摘どおり、『御湯殿の上の日記』の記述などから、秀次が冤罪を押しつけられた無念を晴らすために自害した事実は否定できない。ここまでは新説にしたがいたい。それでも秀次切腹のあと、類は彼の妻や子はむろんのこと、愛妾や側近、さらに側近の妻や子にも及び、秀次の一党は根こそぎこの世から葬《ほうむ》り去されている。これはどう考えたらいいのだろう。

秀吉自身、切腹を申しつけるつもりはなかったのに、神聖な青巌寺を血で汚されて激怒し、それが惨《むご》たらしい大量粛清に繋がったとも理解できる。しかし、それより秀吉は高野山へ秀次を追放した時点で、切腹させる覚悟を決めていたと考えたほうが自然ではなかろうか。

秀次はその空気を感じていたからこそ切腹命令が下るより前に、〝名誉の自害〟を選択したと考えたい。

むろん秀吉も実子とされる秀頼が生まれてすぐ、秀次の追放を決意したわけではなかろう。秀頼が生まれた文禄二年（一五九三）の十月、秀吉は秀次に対して、「御拾様《おひろい》（秀頼の幼名）と（秀次の）姫君様御ひとつになさせられ候」（『駒井日記』）と、生まれたばかりの秀頼に秀次の娘を娶《めあわ》せ、融和を図ろうとしている。だが結果、秀吉は粛清を選択したのである。

近江商人の生みの親となった秀次

事実はどうあれ、〝殺生関白〟という汚名を着せられ、政治史の世界においては、はなはだ不名誉な事績を残している秀次だが、領国統治の面においてはまるで逆の評価がなされている。

「尾張国内、在々すいびせしめ」と秀吉に糾弾された秀次は、尾張の前任地（近江八幡）において主に斬新な商業政策をおこない、近江商人の礎《いしずえ》を築いている。

秀次は近江八幡を城下とするに際して、まず八幡山の山頂に城を築造。その麓に、八幡山を囲む内堀（八幡堀と呼ばれる）を掘った。ちなみに、この八幡堀沿いにはいまも蔵造りの商家が立ち並び、当時の面影をよく残している。『鬼平犯科帳《おにへいはんかちょう》』はじめとする時代劇のロケがおこなわれ、滋賀県を代表する観光スポットにもなっている。

戦国武将が城のまわりに内堀を掘って敵の侵入を防ぐのは当然のことながら、この八幡堀には別の役割があった。まず秀次は八幡堀と琵琶湖を繋げた。そして、琵琶湖を行き来する商船が八幡浦（八幡堀）へ立ち寄ることを掟書で定めたのだ。

これによって陸路のみならず、湖上からも全国からたくさん商人がやってきて賑わうようになる。

一方、陸路だが、秀次は江戸と上方をむすぶ下街道を城下へ取りこんでいる。この下街道はのちに朝鮮人街道と呼ばれ、朝鮮通信使（※3）が江戸へ向かう道として使われた。中世、琵琶湖東岸には中山道（上街道）が通り、人の往来や物流を担ってきた。信長が安土城を築城して以来、安土城下を通る下街道が栄えるようになった。信長は下街道の利用を奨励したが、秀次もそれにならったのである。

秀次はまた城下に楽市令を布告し、十三ヶ条の掟書（前述の八幡浦立ち寄り令もそのひとつ）を定めたのみならず、商人たちの利便を優先した城下町作りもおこなっている。ふつう城下町は袋小路などをもうけて迷路化し、敵の侵入を防いでいた。ところが、秀次の近江八幡城下では商人の通行や交通の便を考えて、敢えて碁盤《ごばん》目状に設計したのである。

時代劇によく使われる八幡堀

こうして城下は賑わい、江戸時代に近江商人が日本全国で活躍する素地が生まれた。その意味で、秀次は近江商人の生みの親ともいえる。雑誌『地域開発ニュース』（二八三号）は、天秤棒を担いで全国へ行商へ出かけた近江商人の姿をこう記している。

《地場産業の畳表、蚊帳、米、酒などを積んだ船は、八幡浦から琵琶湖を北上し塩津へ、また陸路で敦賀の三国港から奥州、蝦夷地へ、あるいは大坂へ至り江戸表へと搬出した。もちろん帰路も手ぶらではない。各地の産物を持ち帰り、八幡浦を経由して再び各地へと送り出すのである。八幡町は物流ターミナルとしての機能を有した。舟運は活況を呈し、1649（慶安2）年の「江州諸浦船数帳」によると、1854隻の和船が水運に用いられたと記録している》

これだけの遺産を残した秀次が暴君でなかったことだけは事実である。

※1　中国大返し＝毛利方の備中高松城（岡山市）を攻めていた秀吉が本能寺の変の悲報を知り、ただちに毛利方と講和し、信長の追悼のために中国路を京・大坂方面へとって返した。遅くとも六月六日には備中を発ち、十三日には山崎の合戦で明智軍を破っているから、奇跡の行軍スピードと讃えられている。

※2　聚楽第＝秀吉は秀次の切腹と同時にこの政庁を徹底的に破却した。このため一時、聚楽第がどこに

あったのかも明らかにされず、〝幻の政庁〟とされてきた。いまでは発掘調査などによって概要が明らかになりつつあり、京都府警本部宿舎建設に際して、京都府埋蔵文化財調査研究センターがその地を発掘調査したところ、聚楽第本丸の南堀と推定されるところから、三、四段に積まれた石垣が東西約三二メートルにわたって発見された（現在はすでに埋め戻されている）。

発見された石垣の石は、最大で幅約一・五メートルという巨大さ。本丸の南端中央部にあったとされる大手門へ向かうにつれ、石垣にはより大きな石が使われ、諸大名が大手門を通る際の見栄えを考えて設計されていたこともわかった。

※3　朝鮮通信使＝室町時代から江戸時代にかけて、李氏朝鮮から日本に派遣された外交使節のこと。

第3章

戦国武将の「お家の経営」ノウハウ

小田原北条家の「会計帳簿」

秀吉の関東平定と「石垣山一夜城」の謎

天正十八年（一五九〇）、秀吉は天下統一の総仕上げとして、相模の小田原を居城とする北条氏政・氏直父子を討った。

『小田原市史』によると、秀吉率いる上方軍二十一万五二六五人に対して、小田原城ほかに籠城する北条氏政・氏直父子の関東勢は三万四三五〇人。

秀吉は、越後の上杉景勝ら北国勢に東山道方面を進軍させ、碓氷峠《うすいとうげ》方面から北条方の支城を潰しながら小田原へ向かわせ、自身は東海道方面を東へ進んだ。四月二日には本陣を箱根の早雲寺《そううんじ》へ進めて、九日には小田原城の攻囲網を完成させる。ここで有名な「石垣山一夜城」の逸話が語られるのである。

『関東古戦録』によると、北条家重臣の松田憲秀《のりひで》は秀吉と秘かに通じ、憲秀は秀吉に小田原城西南方面の笠懸山《かさがけ》へ陣を構えるように進言した。

そこで秀吉は笠懸山の山中に塀と矢倉（櫓《やぐら》）を組み、塀に「杉原の白紙《しろがみ》」を張り巡らせる。杉原の白紙というのは、播磨国杉原村で作られる和紙のこと。白い和紙を白壁の城壁にみせかけたに過ぎず、本当は木組みだけ。こうして〝張りぼての城〟が完成するや、秀吉は視界をさえぎっていた前面の木々をすべて伐採させた。

小田原城からみると忽然と山城が出現した印象になり、城兵たちは「一夜がほどにかくばかりの陣所をしつらひ、石垣を築き、白壁をつけたる事、凡人の態《わざ》とは見へず」（『関東古戦録』）といって驚いたというのである。

この時代、関東ではまだ城に石垣を使う例は珍しかったことから、後世、笠懸山は石垣山と呼ばれるようになる。

しかし現在の石垣山には、石垣や曲輪跡の遺構が多く確認され、〝張りぼての城〟どころか、本格的な城郭だったことがわかる。したがって一夜で完成するはずがない。ただし『家忠日記』という信頼すべき史料によると、攻囲網が完成する前の四月七日に着工しており、六月二十六日に「関白様石かけの御城（石垣山城）へ御うつり候」とあることから、突貫工事によって二ヶ月半程度で完成させたことがわかる。秀吉は初めから長期戦を覚悟し、小田原城への対城《つけじろ》として、本格的な城郭を築こうとしていたのである。

問題は北条方がこの築城に気づかず、まるで一夜にして完成したような印象を持ったか否か――だろう。城の前面は木々に蔽《おお》われていたから、北条方は普請に気づかず、伐採後の現実を目の当たりにして降伏を決意したという説もある。実際に城が完成して、およそ十日後に北条方が降伏しているため、その劇的効果が上方軍の勝因とされる。むろん上方勢も小田原城を攻囲する各陣地を連携させ、敵の偵察兵の侵入を拒む作戦を取っていたはずだ。ただ、それでも大規模な土木工事を完全に秘匿するのは物理的に不可能だろう。

それでは、北条方が降伏を決意した理由は何だったのか。

まず第一の理由は、秀吉が北条方の離間を図ったこと。結果、城内では憲秀（前出）らが秀吉に気脈を通じていることが露見し、城内に疑心暗鬼の空気が漂った。第二に秀吉が分遣隊に北条方の関東諸城を攻めさせ、小田原城を孤立化させたことである。そして、むろん気づいていたとはいえ、石垣山城完成後の雄姿をみて、北条方の戦意喪失に拍車をかけた効果は認めるべきであろう。

こうして小田原城は開城し、氏政は切腹させられ、氏直は高野山へ追放となって、北条家は事実上滅亡する。ご承知のとおり家康がその北条家領国を引き継ぎ、八月一日、新たに居城と定めた江戸入りする。

さて、その北条家には「小田原衆所領役帳」（前出）という史料が存在する。

第1章では、そもそも所領とは何なのか、石高とは何をさすのか――などという戦国時代の社会全般を俯瞰してきた。そこには、彼らにとって看過することができない中間搾取層（地侍ら）の存在があった。しかし、太閤検地によって地侍が中間搾取できなくなって、やがて土地の純利益を大名がすべて確保できうる体制ができあがった。

家康は江戸入り後、旧北条家領国に、太閤検地にならって検地をおこなう。つまり小田原北条家の滅亡により、関東は中世末期の戦国時代から近世へと切り替わることになる。

では、戦国時代を生き抜いた北条家はそれまで、どのような経営をおこなってきたのか。その内容を数字で確認できる史料、たとえば現代の企業社会でいう財務諸表のような経営基盤を示す帳簿類は残っていないのだろうか。

戦国大名個々の台所事情を探る本章では、主に小田原北条家のそれを検討していくが、じつは純粋な財務諸表とはいえないまでも、それに類する史料が北条家には残っているのである。それが前述した「小田原衆所領役帳」（以下・役帳）だ。会計帳簿といったほうがいいだろうか。

「貫高」の謎と重臣「松田憲秀」の年収

その「役帳」はどのように記されているのだろうか。

まず北条家は「小田原衆」「御馬廻衆《おうままわり》」「玉縄衆《たまなわ》」「江戸衆」「河越衆《かわごえ》」「松山衆」「伊豆衆」「津久井衆《つくい》」「諸足軽衆」「職人衆」「他国衆」にわけて、家臣の名とその知行高を「役帳」に記している。

秀吉に切腹させられた氏政の父氏康《うじやす》が永禄二年（一五五九）、家臣らの所領を調査し、その台帳として作成したものである。

ここでいう小田原衆というのは北条家の本城《ほんじろ》である小田原城に所属する家臣団のこと。御馬廻衆は北条家当主を守る親衛隊。玉縄衆から伊豆衆までは、北条家の各支城《しじょう》に所属する武士団をいう。

玉縄城は現在の鎌倉市から藤沢市にかけてあった城。江戸城はいうまでもなく、その後家康の居城となり、現在の皇居に受け継がれている千代田城のことである。河越城は埼玉県の川越市、松山城は同じく埼玉県吉見町《よしみ》にあった城。伊豆衆は韮山城《にらやま》（静岡県伊豆の国市）に所属し、津久井衆の城は現在の神奈川県相模原市にあった。

企業でいうと、小田原衆は本社（本店）に勤務する社員、御馬廻衆は本社の社員の中でも社長直属の部門、さしずめ経営企画室か秘書室などに勤務する社員ということになろう。また、玉縄衆は玉縄支社（支店）、江戸衆は江戸支社（支店）などといえる。

諸足軽衆は特殊部隊とされており、いわばプロジェクトチームの面々。職人衆は文字どおりの技能集団であるから、研究所の研究員といったところだろうか。また、他国衆は北条家と主従関係にはなかったものの、社員に準じた存在。業務委託する関連企業の社員というところだろう。

ただ現在の企業と異なるのは、所属する部門が合戦の場合の軍団編成とイコールな点。小田原衆・玉縄衆・江戸衆などという所属は、いざ合戦となると、それぞれ小田原軍団・玉縄軍団・江戸軍団という軍制上の組織となる。

それでは「役帳」の中を覗いてみよう。まず小田原衆の筆頭に記載されるのが「松田左《さ》馬助《まのすけ》」。小田原ノ役の際、秀吉に気脈を通じていると小田原城内で疑われ、北条家滅亡の一因を招いた松田憲秀（前出）のことだ。

「千二百七十七貫七百二十文　西郡《にしこおり》苅《かり》野《の》庄《しょう》」

をはじめ記載された知行高を合計すると、およそ二七九八貫に及ぶ。

この憲秀の所領は、相模国足柄上郡《あしがらかみぐん》・下郡《しもぐん》のほぼ全域にわたっている。現在の小田原市・大井町・松田町・山北町《やまきた》・開成町《かいせい》・南足柄市・箱根町・湯河原町・真鶴町《まなづる》・中井町・秦野《はだの》市（一部）にあたる。ただしこれらは所領といっても、この地域全体がすべて憲秀のものではない。

たとえば江戸衆の遠山綱景《とおやまつなかげ》という北条家家臣は、憲秀の所領とされる松田町に一三八貫二五〇文の所領を持っている。

しかし均《なら》して考えると、この「役帳」は家臣の知行高と所領の地域を所属ごとに一人一人書き記したものとして評価できる。

そこでもう少し詳しく内容をみていきたい。まずここでは、家臣の知行高が石高ではなく、「貫高」で表現されている。

貫高という用語だが、もともと貨幣（銭）の貫文《かんもん》を土地の面積に宛てたものである。当時、田地の収納をコメにせずに銭納《せんのう》とし、そのために日本国内に流通していた中国の永楽銭《えいらくせん》の貫文で計算し直す方法がしばし用いられていた。この貫文を土地の面積に宛てるという考え方は、太閤検地で全国一律に石高制にあらためられるまで続くのである。

次に、たとえば憲秀が相模国足柄上郡・下郡に持っている知行高（両郡あわせて合計二七九八貫）が具体的に何を意味しているかをみてみよう。

佐脇栄智《さわきえいち》氏によると、北条家では田地一段の年貢高を五〇〇文、畑地一段の年貢高を一六五文として貫高を設定しているとする（『後北条氏と領国経営』）。たとえば神尾善四郎という北条家家臣の知行高が「八〇貫」であり、その所領の田地の面積「一六町半三〇〇歩」をもとに計算すると、「（一六町半三〇〇歩＝一六〇・六段）×五〇〇文＝八〇貫三〇〇文」となる。

ただ、ここで検討しなければならないのは、「役帳」を詳細に検討すると、①「知行高＝役高」のケース②「知行高－減免分＝役高」と二通りあるという点。

次の項で詳述するが、家臣たちは知行高の多寡《たか》によってそれぞれ知行高に応じた軍役や普請役（城や道路の普請・寺社の造営などに提供する労役）を負担しなければならなかった。①は言い換えると、減免分がないケースであり、②はあるケースだ。軍役負担を決める際に、減免分があるのとないのとではかなりちがう。減免分がなければ、家臣たちの負担は重くなる。

そこで筆者はそのちがいについて、次のように解釈することにした。

第1章の売券の分析により、土地が生み出す純利益を「年貢収納可能高」とし、実際に

段あたりの生産物配分概念

<table>
<tr><td colspan="3">収穫量（生産高）</td></tr>
<tr><td>生産に必要な諸経費
（農民の人件費含む）</td><td colspan="2">土地の純利益
（年貢収納可能高）
（A）</td></tr>
<tr><td>※北条家の知行高は（A）、役高は（B）に相当すると考えたい。</td><td>地代</td><td>年貢
（B）</td></tr>
</table>

は、領主の収入となる年貢と地主のそれとなる地代に分かれる現実をみてきた。

上の図でみると、減免分がない「知行高＝役高」①は、（A）の部分にあたると考えている。北条家家臣が年貢として吸い上げ、すべて自分たちの収入となる部分である。一方、減免分がある「知行高－減免分＝役高」②は、（B）の部分にあたろう。この場合、土地の純利益の一部に該当し、それ以外の純利益は、畿内その周辺では地主が地代として大部分を中間搾取していた。

関東と畿内その周辺では状況が異なり、先進地域である畿内および周辺に比べて、関東では地主の力が弱いと考えられる。そもそも地主が中間搾取する地代は土地の生産力向上により、余剰部分が増大、つまり土地の純利益が拡大して生まれた。一般的に関東ローム層におおわれた関東は、とくに稲作において先進地域に比べると土地の生産力で劣っていたと考えられる。したがって地主が中間搾取する部分も縮小せざるをえない。とはいえ、まったく地代を中間搾取できなかったわけではないだろう。

実際に地主が地代として中間搾取している部分があるにもかかわらず、すべて「知行高＝役高」として捉えられたら、家臣たちはたまったものではない。そこで知行高から地代相当分が減免され、残りを役高としたのではなかろうか。「知行高＝年貢収納可能高」であり、逆に減免されないケースは、それが家臣が土地の純利益をすべて享受できるからであろう。

ただし、水害などによる水損や日照り続きで収穫量が伸びない干損《ひそん》などによる減免や、そのほかの事情による減免も大きなウエイトを占めることをお断わりしておきたい。

さて、話を元に戻そう。前出の松田憲秀は「役帳」でみると、二七九八貫の知行高があり、一部、減免分として普請役や軍役が免除されているが、この二七九八貫の知行高が憲秀の年収にあたる。

この知行高を現代の価値に換算するのは困難だが、便宜的に「一貫＝一〇〇〇文」、「四〇〇〇文＝一両」で計算してみることにしよう。

江戸時代に貨幣の改鋳が繰り返されて価値は減り続けるが、江戸時代のはじめの一両は現在のカネでおよそ一〇万円だといわれる。概算すると、「二七九八貫＝六九九五万円」となる。現代の一流企業トップは一億越えの年収を実現する者も少なからずいる。ただ一般的にいうと、税引き後の年収で六九九五万円の金額はトップクラスといえよう。

以上の話はあくまで参考程度の話にしていただきたいが、かつて信長が堺の町に矢銭《やせん》二万貫を要求し、富貴を極めた堺衆ですら慌てたという話がある。その矢銭二万貫の話と憲秀の知行高（二七九八貫）を比べると、やはり一人の重臣がもらう年収としては破格だといえるのではなかろうか。

その重臣の行動が滅亡の一因になったわけだから、憐れむべきは北条家といえるだろう。

「東の騎兵戦法」と「西の集団戦法」

北条家の家臣にかかわらず、大名の家臣は知行（所領高）に応じて相応の軍役を負担しなければならなかった。

たとえば江戸幕府は大坂夏の陣で豊臣家を滅亡させた直後の元和二年（一六一六）、軍役

制度を定め、一〇〇〇石の知行取りの侍（旗本クラス）の場合、
▽馬上（騎馬兵）＝一騎
▽鉄砲＝二挺
▽弓　＝一張
▽槍　＝五本
という負担を定めた。この軍役は寛永十年（一六三三）には緩められ、
▽鉄砲＝一挺
▽弓　＝一張
▽槍　＝二本
となった。ちなみに、この寛永十年の軍役制度における一〇〇〇石取りの場合の軍役負担人数は二三人である。

では、戦国時代はどうだったのだろうか。かの明智光秀が本能寺の変を起こす一年前の天正九年（一五八一）に定めた「家中軍法」がある。それによると、一〇〇〇石の場合、
▽馬上＝五騎
▽鉄砲＝五挺

▽槍　＝一〇本
▽指物《さしもの》＝一〇本
▽幟《のぼり》　＝二本

となっている。やはり戦国時代は家臣への要求が厳しかったことがわかる。

小田原北条家ではどうだったのだろう。これについては佐脇氏（前出）が詳細に検討しておられる。

佐脇氏はまず騎馬武者の場合、知行貫高一〇〇貫文に対して三騎を基準にしていると結果づけられた。また、「知行貫高が二〇貫文前後の小領主の場合も、その本人自身は馬上を割り当てられるのが原則であった」としている。

ちなみに、ここでいう小領主は第1章の主役であった地侍層だといえる。

和泉国熊取の地侍中家は、みずからが建立した成真院を隠れ蓑に村落を支配してきたが、中家が村の重要事項を決める寄合で主導的立場にあったとはいえ、領主色は薄く、村の領域も地理的制約があってさほど広くはない。

それに反して関東は、畿内に比べて広大な平野を擁し、村の領域も大きい。地侍の領主色は畿内より濃く、大きな村を一人の地侍が支配する場合もあった。このような地侍を「小領主」あるいは「村落領主」と呼ぶことがある。

彼らも「役帳」に知行貫高（その内容は、安堵された地代部分のほか、領主として領民から吸い上げた年貢相当部分もあろう）が記載され、下級家臣として小田原北条家の組織に組み入れられていたことがわかる。

さて、その北条家の軍役だが、佐脇氏の著書（『後北条氏と領国経営』）から引用すると（知行貫高一〇〇貫文の場合）、

▽馬上　＝三騎
▽鉄砲　＝一挺
▽槍　　＝六本
▽大小旗＝一本

となる。貫高を石高に換算するのは難しいが、「一貫＝一石」としてカウントすると、北条家の軍役が「一〇〇貫（石）あたり騎馬三人」であるのに対して、明智家では「一〇〇〇石あたり騎馬五人」だから、単純に一〇〇石あたりに換算すると、騎馬一騎にも満たなくなる。北条家の騎馬三人という規定は、騎馬武者に関しては明智家より厳しかったことになる。

ただし、明智家では兵の数として「一〇〇石に六人」という規定があった。前述した江戸幕府の軍役（寛永十年の一〇〇〇石取りのケース）では二三人だから、明智家の場合でも、やはり平時である江戸時代より厳しい軍役が求められていたことがわかる。

つまり北条家と明智家の比較では、北条家では騎馬隊――といっても騎馬武者と雑兵の混成部隊であったが――を重視し、明智家では雑兵の数を重んじたといえるのかもしれない。

それは、広大な大地を擁する関東（北条家）では騎馬戦法、地形が複雑な上方（明智家）では集団戦法を重んじるという戦い方のちがいを反映しているともいえよう。

ところで北条家ではこの軍役は軽減されることもあったらしく、他国との境界地域の家臣に対して軍役を減免し、その代わりに緊急時に備えて城などの防衛拠点での「在番」を命じていたという。

このほか普請役といって、「役帳」に記載される「小田原衆」なら小田原城、「玉縄衆」なら玉縄城と、北条家は本城や支城の修築などの労役を家臣に課していた。ふつう城普請というと、大名が領民に課すものという印象があるが、それとは別に家臣はこうした労役も割り当てられていたのである。

北条家の収益と「兵粮丸」「紙具足」の謎

ここまでは家臣たちの収入を眺めてきた。では、北条家そのものの収入はどうだったのだろう。

戦国大名の収入の根本となるのは直轄領である。ただ、残念ながら「役帳」には北条家（当主）の知行高までは記載されていない。そこで黒田基樹氏の研究（「戦国大名の経済基盤をめぐって」『戦国史研究』五七号）を参考にしたい。

黒田氏は豊臣政権当時の諸大名の直轄領の割合が領国の二割から三割になっていることを前提に、北条家の直轄領を一万八〇〇〇貫文と試算している。

北条家重臣松田憲秀の年収換算の際、便宜的に使った換算方法にもとづいて、北条家の収入を単純に弾き出すと、四億五〇〇〇万円という数字がでてくる。筆頭重役といえる松田憲秀の年収六九九五万円と比較した場合、およそ六・五倍。その開きは少ないと感じる読者もおられるのではなかろうか。

筆者も同じ思いである。大名家は、憲秀と同等クラスの年収をもつ重臣が七人も集まったら、簡単に凌駕されるほどの経済基盤しかもたないことになる。

北条家の利益構造

項目	金額
営業収入①	合計　6億6960万円
（直轄領の年貢）　＝ （段銭）　＝ （懸銭）　＝	1万8000貫文［4億5000万円］ 田地1段につき40文（計1億80万円） 畑地1段につき10文（計5400万円）
営業費用②	不明
営業利益（①－②）	不明
金融収益（家臣への貸付ほか）	2600貫文［6500万円］ほか
特別利益（礼銭ほか）	10万5000貫［26億2500万円］ほか

※表記法は企業の決算に準じた（数字は本文参照）。
※営業経費には、籠城費用・城の増改築および新築費・雑兵への戦費支援（レンタルする甲冑や腰兵粮などの支給）・大名一家の生活費・外交費用・運営費などが含まれる。

一方、大名家としては大名家ファミリーの生活費、家臣や大名家への冠婚葬祭費に交際費、さらには組織の運営費もろもろのほか城の修繕費や籠城費用を含めて、合戦にかかる諸経費を賄わねばならない。

戦国時代、軍役の項でみてきたとおり、基本的に武具・馬や馬具などは自前が原則であり、兵粮《ひょうろう》も自前が原則だとされているが、足軽や雑兵については必ずしも、その原則はあてはまらない。

ここで横道へ逸れることをお許しいただき、まずその兵粮の話におつきあい願おうと思う。

越後の上杉謙信の軍法を伝授した『北

越軍談』に、陣中での兵粮について詳細な記述がある。

まず上杉家から兵に支給される兵粮は「一日一人黒米（玄米のさらに粗悪なもの）一升」と定められている。いわゆる「腰兵粮」である。

続いて、平時には一〇〇人で飲み干す量の水でも、陣中では五〇人分にしかならないと注意を促している。

そして兵粮が尽きてしまった場合の対処法も記される。まず第一に「松皮十斤（六キロ）を採りて米五合を入れ、よく煮熟して食料とす」とある。第二に「牛一匹を屠《ほう》り割《さき》て、一日五〇人の食とす。馬一匹もこれに同じ」。さらに「避穀《ひこく》兵粮丸の類を腰下の小嚢《しょうのう》（袋状のもの）に蓄えん事も一己の才覚たるべし」という。

この「避穀兵粮丸」とはいかなるものだろうか。避穀とあるから救荒避穀、つまり飢饉《ききん》のときに穀類（米や麦）を食べずに飢えをしのげる食糧であることはわかる。いわば合戦時の非常食になるものだ。その作り方が、秀吉の軍師とされる竹中《たけなか》半兵衛《はんべえ》重治《しげはる》の軍法秘伝書に収められている。材料は次のとおり。

- **松樹の甘肌を日に晒して細末にしたもの**＝一斤（およそ六〇〇グラム）
- **人参**＝一両（およそ四〇グラム）

・**白米**＝五合

これらを粉にして適当な大きさに丸め、蒸籠《むしかご》にてよく蒸す。そして、これを一錠飲んでおけば三日間、何も食べなくても平気だというから、抜群の栄養価を誇る固形栄養食品である。

次に、武将らが合戦時に着用する具足《ぐそく》（甲冑）の当世事情について触れておこう。江戸時代に成立した『備前老人物語』に古人の話として、戦国時代に流行した具足の条件が示されている。

「甲《かぶと》の立物見事なりとて、色々ぬきさしむつかしくとりをきにするはあしく、ただ手かろきがよし」

つまり、兜の立物《たてもの》（前立《まえだて》）が立派すぎると、重くて戦場で迅速な動きがとれなくなる。だから、そのような飾りにこだわるよりより機能的な軽い具足が好ましいというのである。

兜の立物というのは眉庇《まびさし》の部分に付いた飾りのこと。上杉景勝の宰相《さいしょう》直江兼続《かねつぐ》が「愛」という文字を前立にあしらった具足を愛用していた話は有名だが、実際に合戦でその具足を着用していたわけではない。陣中どっかと座って采配《さいはい》を振るうときや、軍議の席などでそうした装飾性の高い甲冑を着用したものの、いざ合戦がはじまると、「替え具足」といって、飾り気がなく動きやすいものをつけていたといわれる。

とくに戦国時代も後半になると集団戦法が主流になり、総大将にとって末端の雑兵が自分たちで好き勝手な具足を付けていては軍の進退にかかわるようになった。そこで足軽・雑兵らに対して軽量な具足を貸し出し、集団戦による識別を可能とする目的もあって、次第に軍装を統一するようになった。

江戸時代の史料に「御本丸より御貸《おかし》具足《ぐそく》百五領（中略）持ち出したり」とあり、「御貸具足」というものの存在が確認できる。本丸の武器庫に収納される足軽・雑兵用のいわば〝レンタル具足〟である。

仙台藩（伊達《だて》家）ではこの御貸具足を同じ様式に統一していたという。足軽・雑兵たちは、こうした「御貸具足」を大名家から貸し与えられていたのである。

問題はその貸具足の素材だ。いくら動きやすいように軽量化につとめているとはいえ、ふつう具足の材質は鉄や革である。ところが、北条家では和紙で具足を作らせていたという。もちろん表面は漆《うるし》で固めているとはいえ、こんな具足の着用を強要された雑兵たちは、たまったものではなかっただろう。雨が降ると破れてボロボロになり、まともに戦えなかったのではなかろうか。

この話をはじめて聞いたとき、軽量化を追求しすぎた結果だと考えていた。ところが、あらためて考え直してみると、経済的な理由も関係しているような気がしてきている。

全国の戦国大名の直轄領がどのくらいあったのかを知るデータはないものの、領国の全知行高に対する割合（二割～三割）は、北条家とさほど変わらなかったのではあるまいか。直轄領だけで領国経営の経費を賄っていたとしたら、経済的基盤としては脆弱といわざるをえない。

しかも、知行高のすべてを年貢として吸い上げることができなかった事情はすでにみてきたとおりである。

戦国大名としたら、当然のことながら、第二・第三の収入源を求めたはずだし、実際に収入源確保に努めている。

黒田氏（前出）によると、大名は家臣や領民らに貸付業務をおこなっていたという。金貸し業務である。家臣への貸し付け分（元利合計）が返済されていることを示す史料もあり、黒田氏は「元本額は不明だが、一般的な利率五割を単純に適用すると、およそ二六〇〇貫文になる」としている。

このほか、戦国大名たちはどのように増収を図っていたのだろうか。

戦国大名たちの増収作戦

戦場での「奴隷狩り」と「制札」の値段

「当手甲乙の軍勢、乱暴狼藉停止《らんぼうろうぜきちょうじ》」

戦国時代、このような内容の制札が進軍先の村々に掲げられることがあった。

この時代、「乱取《らんどり》」といって、合戦で新たに斬り取った村々において、雑兵らが主に村の女たちに乱暴を働いたうえ、彼女たちを連れ去って奴隷商人へ売り飛ばす行為が半ば公認されていた。いわば雑兵らに対する勝ち戦の褒賞といえる。だからこそ、雑兵らは命を賭けて戦うのである。

たとえば、九州では薩摩の島津軍によって拉致された彼女たち戦争奴隷は、まず肥後の国で売り払われ、それでも買い手のつかなかった奴隷たちは、島原半島の高来《たかき》（長崎県諫早市）へ連れていかれ、そこで二束三文の値段で南蛮人に叩き売られたという。

南蛮人宣教師ルイス・フロイスによると、九州ではポルトガル人らが日本人を奴隷として買い取り、母国へ連れ帰ったことに豊臣秀吉が怒り、日本人を自分の船に積みこんだポルトガル人商人に対して、連れ戻し命令を発したこともあったというのである。秀吉が伴天連（キリシタン）追放令を発布した背景に、日本の女性が南蛮人の奴隷商人（彼らは当然、キリシタンであった）として海外へ売り飛ばされる現状があったとも考えられる。

また、織田信長が今川義元を討ち取った桶狭間の合戦。初戦の勝利に油断した義元が桶狭間で軍勢に休息を命じ、信長がその虚をついたといわれるが、『甲陽軍鑑』には、

「（今川勢が）諸方へ乱取にちり（散り）たる間」

に織田勢が攻撃を仕掛けてきたと書かれている。

つまり義元は初戦に勝利し、雑兵らに対して恒例というべき乱取を許していたのである。今川方の兵は乱取に夢中になるあまり歩哨《ほしょう》がおろそかになり、十分な警戒活動を怠っていたことが敗因になったと考えている。義元に油断がなかったとはいわないが、初戦に勝利したのだから通例に従い、兵の乱取を許したに過ぎなかったのであろう。

いずれにせよ、進軍先・征服先で軍勢が乱取をおこなうのは常識になっていた。そうなると、迷惑をこうむるのは乱取の舞台となる村々だ。そこで村々は大名に軍勢の乱取を禁

じてもらおうと、冒頭のような「乱暴狼藉停止」の禁制を求め、大名のサイン（花押《かおう》）付の制札を高々と掲げるようになる。

大名にとっても新たに領地となる土地の領民たちからの懇願を無視できず、乱暴狼藉停止の制札は民心を掌握する有効な手段ともなる。

しかし村人たちがこの制札獲得に成功したといっても、現代のように違反者を警察官（戦国時代でいうなら奉行の手下）が逮捕してくれるわけではない。

たとえば北条家が駿河国の村々に与えた「濫妨狼藉停止」の禁制には、

「見逢（合）いに搦め取り、申し上ぐべし」

と付記されている。つまり村民らが狼藉者をみつけたら自分たちで搦《から》め捕り、その身柄を引き渡せといっているのだ。

大名にとって雑兵らに乱取の禁止を求めることは、彼らの戦意にかかわる重大事でもある。雑兵は命賭けで戦った代償として奴隷狩りをおこない、奴隷の女たちを売り払った銭を恩賞代わりにしようと考えているからだ。いくら禁制を掲げたといっても、むやみやたらと彼らを取り締まり、みずから軍勢の戦意を削ぐ行為は基本的にやりたくなかったにちがいない。

このあたりが、撫民《ぶみん》を第一義に掲げる近世の大名と戦争を旨とする戦国大名のちがいのひとつといえるかもしれない。同時にこの時代、村や町などのコミュニティ（地域社会）の権益や安全は自力で守るという「自検断《じけんだん》」（自力救済）という考え方が中世、とくに戦国時代の主流をしめていた。

ただそれでも、制札があるのとないのとでは大きなちがいがある。だからこそ村々は大名に禁制の発布を求めるわけで、大名はその見返りに銭を村人たちから取った。

藤木久志《ふじきひさし》氏の著書（『雑兵たちの戦場』）から引用すると、秀吉が北条家を滅ぼした小田原ノ役の際、上方軍がひとつの村から徴収する礼銭は、

▽上所＝六貫四〇〇文
▽中所＝四貫四〇〇文
▽下所＝二貫四〇〇文

であった。

ただし「一両＝一〇万円」で単純計算すると、上所の場合で礼銭額は一五万円。仮に一〇ヶ村に制札を掲げたとしても一五〇万円である。しかも、いったん制札を与えた村からは二度と礼銭を徴収できない。いわば一見客《いちげんきゃく》からの収入というべきもの。戦国大名の収入

というにはお粗末すぎる金額だ。

一方、黒田氏（前出）によると、新たに北条家に従属した国衆（国人）は礼銭を納め、たとえば下野国（栃木県）の佐野家の場合、「三千余貫」を進上したという。この礼銭はいわば上納金という性質のものであろう。

ここで重要なのは、先ほどと同じ単純計算で年間約七五〇〇万円余に及ぶこと。天正十一年（一五八三）には三五家の国衆が新たに北条家へ従属しており、「すべてから三〇〇〇貫文の礼銭が上納されたとすれば、その総額は一〇万五〇〇〇貫文という巨額な数字になる」としている。単純計算でおよそ二六億二五〇〇万円の収入がえられるのである。

直轄領からの収入は恒常的に確保できる性質のものであり、企業会計上、毎期ごとに計上できる営業利益にあたる。一方、村から徴収する制札の礼銭と国衆からの礼銭は「特別利益」に該当しよう。企業が通常の活動とは別に、特別な要因で一時的に発生する利益をそう呼ぶ。

このうち国衆からの礼銭収入は、直轄領収入を大幅に上回る金額であった。つまり北条家の直轄領からの収入四億五〇〇〇万円に対して、この特別利益はおよそ六倍の二六億二五〇〇万円。脆弱な利益構造を補うには十分な収入だったといえよう。

ただし、あくまでこの上納金収入は、特別な原因で一時的に発生する利益。新たに従属した国衆から上納される類のものであり、戦国大名にとって恒常的な収入源とはなりにくい。彼らが安定的に領国経営をおこない、かつ敵の領国への侵入を防ぎつつ、版図を拡大するための武力を備えるには、より安定した収入が求められる。

北条家の収益構造を企業会計と対比させて表（170ページ）にまとめてみたが、家臣への貸し付けや一定期間の臨時の礼銭からの収入があったとしても、安定しない。やはり、経常的に入る収入の確保が望まれる。

次に、その点について触れておきたい。

戦国時代の税制改革と段銭・懸銭・棟別銭

平成二十六年（二〇一四）四月一日に消費税が五パーセントから八パーセントへ増税された。

一方、北条氏康は天文十九年（一五五〇）の四月一日付で税制改革をおこなっている。これまでの「諸公事」を整理し、懸銭と段銭にほぼ統一したのである。この戦国時代の税制改革については諸説あるものの、本稿では、もっとも適切と思われる佐脇氏（前出）の解釈に従う。

懸銭は畑地に対する課税で、一段あたりの税額は貫高の六パーセント（一六五文×〇・〇六＝一〇文）。一方の段銭は田地への課税で、同じく一段あたりの税額は貫高の八パーセント（五〇〇文×〇・〇八＝四〇文）である。ちなみに、北条家では畑地一段の年貢高を一六五文、田地一段の年貢高を五〇〇文と設定しており（161ページ参照）、課税額の計算方法は先のとおりとなった。

この新制度は、北条家の本貫地である相模と伊豆でまず実施された。北条家の初代・伊勢早雲庵宗瑞《そううんあんそうずい》（いわゆる北条早雲＝ただし、彼の子孫が北条を名乗るのは二代氏綱の時代からで、早雲は主に伊勢宗瑞で通した）は、伊豆を拠点に晩年になってようやく隣国の相模を手に入れているからだ。なお黒田氏（前出）は北条全領国の総貫高などをもとに、北条家の段銭収入を四三二〇貫（＝一億八〇万円）、懸銭収入を二一六〇貫（五四〇〇万円）と試算しておられる。

また北条家ではこの税制改革と同時に、棟別銭の減額も実施している。これは家屋の棟数別に賦課された税。初めは寺社や朝廷の修造のために臨時に課されたが、室町中期以後はしだいに定期的なものになった。たとえば永禄三年（一五六〇）の北条家当主朱印状には「四十銭棟別」とあり、このケースでは棟別の賦課額が四〇銭であったことがわかると同時に「隔年の定《さだめ》をあい止め、定納の内、半分ずつ、毎年出すべき」として、隔年賦課の四〇銭の棟別銭を半分ずつ納入させるとしている。

このほか戦国大名家らは楽市令によって市場（いわゆる露天商）の税を免除していたものの、それは城下の商業活性化のためであり、城下が賑わうと店持《たな》ちの商人も潤い、大名は彼らから運上金《うんじょうきん》や冥加金《みょうがきん》を徴収できる。さらには鉱山の開発によってえる金銀も大名家の財政基盤を支えていた。

しかしその根幹はやはり土地課税であり、直轄領の年貢を除くと、幅広く課税できるのは段銭である。

どの戦国大名も、この段銭を経済基盤に据えている。ただここでひとつだけ検討しておきたいことがある。甲斐の武田家に関連する史料から、武田家が段銭を広範に徴収していた事実がうかがわれないのだ。

その武田家は天正十年（一五八二）三月、武田勝頼が織田勢に敗れて滅亡する。ゆえに、この段銭を広範に徴収していなかったという話から、武田家は経済的基盤が他の戦国大名に比べて弱く、それが滅亡の一因であったという解釈も生まれている。

むろん、武田家がまったく段銭を徴収していなかったのかというとそうではない。元亀四年（一五七三）九月、武田家は奉行の一人である跡部美作守勝忠《あとべみまさかのかみかつただ》が奏者となり、今川家旧臣の朝比奈彦右衛門真直《あさひなひこうえもんまさなお》へ「駿州（駿河）段銭の事」につき、「旧規」に従い、「前々のごとく相調え」、「進納いたさるべきの由」と命じている。

このとき武田信玄はすでにこの世にいないが、信玄は永禄十一年（一五六八）十二月、相模の北条家・駿河の今川家と結んでいた三国同盟を一方的に破り、駿河へ侵攻。今川氏真を駿府から追いやり、駿河を領国とすることに成功している。つまり駿河は、甲斐・信濃を本拠とする武田家にとって新しい領国。そこで駿河の段銭徴収についてよく知る今川家旧臣の朝比奈真直に対して、同じ今川家旧臣と談合し、段銭徴収にあたるように命じているのである。

ということは、武田家には段銭徴収のノウハウがなく、旧領である甲斐と信濃では段銭を徴収していなかったことになる。

ただし武田領国内では段銭に代わり、「田役《たやく》」という用語が史料に記載されている。読んで字のごとく、田に課せられる税である。したがって、「田役＝段銭」だという説、そうではないという説などがだされている。

このうち、鈴木将典氏の説を紹介しておこう（『信濃』六四（三）号）。

鈴木氏によると、田役は信玄（当時は晴信）が甲斐守護家の家督相続後に新たに創設した税であり、その意味では「田役＝段銭」ではないとしている。ただ田役には役銭（田地銭）と夫役（普請役）の両方が存在するものの、「田役は田地に対して、年貢とは別に賦課された役である」と規定している。

このように田役は甲信地域における特殊な税であるものの、年貢とは別に賦課《ふか》される田地への課税という意味では段銭の一種であるといえる。

家臣の「所領売買」への対応策

長宗我部家を没落させた重臣の「所領売買」

段銭などを中心に、安定的な収入を確保した戦国大名たちだが、ひとつ、彼らを悩ませ続けたことがある。家臣たちが所領を売買する行為である。

家臣の所領高に応じて軍役負担が定められていることはすでに述べた。北条家の場合、所領高は知行高として「小田原衆所領役帳」（役帳）に記載され、知行貫高一〇〇貫文の場合、騎馬三騎などと決まっていた。つまり、所領高によって負担する軍役の内容が変わってくることになる。北条家が「役帳」にすべての家臣の知行高を記載したのも、家臣の収入に見合う軍役負担を把握するためだからであろう。

ところが家臣によって所領が勝手に売買され、（A）という家臣の所領すべてが（B）という家臣のものになったら、この売買行為によって、（A）の軍役負担はなくなり、（B）

の軍役負担が増えることになる。かといって、家臣が所領売買するごとに帳簿を書き換えていたら事務作業が煩雑になる。それよりなにより、家臣の所領の増減は直に軍団編成に影響を及ぼす。軍事を主な活動とする戦国大名にとって、それだけは避けなければならない。

そこで彼らは家臣の所領売買に一定の制限を加えている。

戦国大名が「分国法《ぶんこくほう》」と呼ばれる法律を定めて領国を支配したことはよく知られているが、その分国法で家臣の所領売買を禁じているのである。たとえば駿河の今川家の場合、『今川仮名目録』の第十三条、甲斐の武田家では『甲州法度之次第』の第十二条にその規定がある。

織田信長が上洛するまえ、一時、畿内の支配者となった三好家では所領売買どころか、所領を質入れする行為まで禁止していた。

一方、土佐の長宗我部家の分国法『長宗我部氏掟書』では所領売買が禁じられていない。その結果、長宗我部の土地台帳から、かなり幅広く所領売買がおこなわれていた実態が浮かび上がっている。下村效《しもむらいさお》氏の研究（『長宗我部氏の研究』）によると、長宗我部家の本拠地である長岡郡（高知県の中央部にわたり、現在の土佐町から南国市・高知市にかけてのエリア）

において顕著であった。とくに現在の南国市の一部では一三三〇余筆の土地のうち、買地が六〇筆。全体の五％に及んでいるという。

また横川末吉《よこかわすえきち》氏の研究（『長宗我部地検帳の研究』）では、長宗我部家の重臣久武《ひさたけ》家が所有する全所領一七〇町一段（およそ一七〇ヘクタール）のうち、ほぼ一割に相当する一八町二段は買地だと報告されている。この買地の多くは、久武親直《ちかなお》が没落した反対勢力から買い取ったものであった。

この久武親直という武将は、長宗我部家を滅ぼした人物といわれている。

天正十四年（一五八七）、豊臣政権に従属したばかりの長宗我部家は秀吉の九州征討に駆り出され、豊後（大分県）を流れる戸次川《へつぎがわ》の合戦で元親の嫡男信親を討ち死にさせている。ちなみにこの合戦は、秀吉から派遣されていた軍監仙石秀久《せんごくひでひさ》の誤った判断によるところが大きく、豊臣勢が戸次川を強行渡河しようとして敵の島津勢（薩摩）に虚をつかれ、大敗してしまった。

この合戦で嫡男を亡くしたことから、長宗我部家では戦後、家督騒動が起こる。久武親直は元親の四男盛親《もりちか》を支持し、反対派の家臣らを元親に讒言《ざんげん》して粛清した。その後、秀吉が死去して政情が不安定になるなか、元親も病死。関ヶ原の合戦の際に長宗我部家は西軍に属したが、親直は家中の主戦論を抑えて盛親に徳川家康への恭順を勧めた。しかし親直が盛親に兄津野親忠《つのちかただ》を殺すように進言していたため、戦後、盛親は兄殺しを徳川家康にとがめられて改易された。

そもそも親直が強引に四男の家督相続を推したほか、家督相続に絡む粛清によって没落した反対勢力の所領を買い漁ったことが家中の不和を招き、それが長宗我部家滅亡の背景にあったといえる。

北条家の重臣松田憲秀の場合もそうだが、このように多くの所領を与えられていた重臣のミスリードが大名家を滅亡させるケースは少なくない。しかも久武直親の場合、没落した反対勢力の所領を買い取り、貪欲に私腹を肥やしているのだから始末に悪い。

「買地安堵」とその弱点

このように家臣間の所領売買が公然とおこなわれていたことに、長宗我部家はどう対応していたのであろうか。

長宗我部家の重臣久武直親のケースで考えてみよう。直親は没落した家臣から所領を買い取った形になっているものの、政争で直親に敗れた家臣たちは元親によって粛清されたわけだから、彼らの所領は事実上、闕所《けっしょ》（没収地）となる。したがって元親はその旧臣の没収地を直親に与えたことになるが、それではほかの家臣に対して示しがつかない。依怙《えこ》贔屓《ひいき》の誹《そし》りを受けかねないからだ。

没収地はすなわち、長宗我部家の直轄地である。そこで元親は当主みずから売り主となって、没収地を親直へ売却するという形をとった。そして、新たに親直が買い取った形の没収地を安堵しているのである。

これを「買地安堵」と呼び、元親はほかの家臣間の所領売買にも適応した。

一般的に安堵というと、「本領安堵」という用語が示すとおり、父祖代々の所領を引き継いだ家督継承者が本領安堵を大名家に願いでて、安堵状をたまわるケースがほとんどだ。その家督継承者の時代に戦功があり、新しい所領を与えられたら、その新しい所領を含めて次の世代がまた本領安堵を求める。これを「遺跡《いせき》安堵」といい、大名が家臣の所領を安堵するといった場合、たいていはこの遺跡安堵をさしている。

長宗我部家は相続による安堵に加えて、家臣が新たに買い取った所領を「買地安堵」することにより、軍役を確保しようとした。

これはなにも長宗我部家に限ったことではない。若狭の武田家でも買地安堵によって、家臣の軍役負担を適正に実行しようとしていた。その実例を詳細にみていこう。

武田信豊が天文二十二年（一五五三）十一月十日付で野崎次郎右衛門尉という家臣へ買地安堵状を発給している例だ。

ちなみに野崎家は第1章でも登場している、若狭国三方郡耳庄（美浜町）の地侍である。地侍が戦国大名の軍団編成上、重臣クラスの与力として軍勢の重要な構成メンバーであった事実はみてきたとおり。いうまでもなく地侍も戦国大名の家臣の一人だ。その野崎次郎右衛門尉が、ほかの武田家家臣から所領を買い取っている。

安堵状をみてみると、まずはじめに当主である信豊の花押（サイン）が捺され、新たに買い取った所領の「面積」と「売主」を書いた「買得目録」が続いている。その買得目録の一部を掲げてみよう。

一、参段者　沽主《こしゅ》　山本中務丞《なかつかさじょう》
一、壱段者　同　大塩次郎左衛門尉

ここに掲げた目録の内容だけに限定すると、山本中務丞が売り主（沽主）となった三段の所領と大塩次郎左衛門尉が売り主となった一段の所領が安堵の対象である。

そのあと安堵状には、

「右条々、代々持伝《じでん》の旨、御判《ごはん》ならるる上は、向後いかようの族出来《やからしゅったい》あるといえども、永代知行相違あるべからざるの由、仰せ出されるものなり」

という文言が続き、

「天文廿二年十一月十日　左衛門尉（花押）」

と、さらに年月日付と武田信豊の奏者《そうじゃ》（取次役）の署名捺印で〆られている。

まず御判というのは当主信豊の花押のこと。信豊が右の買得目録に記載された所領を安堵し、御判を捺した以上、どのようにいいかがりをつけてきた者がいたとしても、代々、その買地を知行するのは買い主の野崎家であることに相違ないものとする。意訳すればおおむね、そういう意味となろう。

買い主の野崎家ではこの当主の安堵状がある以上、たとえば売り主がそこは自分の所領だと難癖つけてきたとしても突っぱねられる。また当主の信豊も買得目録から〝誰が〟、〝どれだけ〟、〝誰に〟所領を売ったのかを把握できる。そして、新たな買い主に買地に見合った軍役の負担増を求めることができる。しかし、この制度には大きな弱点がある。

先の安堵状には買得目録が記載されているが、その場合、買い主から提出を受けなければならない。

長宗我部家の重臣久武親直の場合、形として売り主は当主の元親その人となっているから、大名側もその所領売買を把握できる。ところが家臣間の売買の場合、そうはいかない。先の武田信豊の買地安堵では買い主の野崎家側から申請があり、買得目録が大名側に提出されたからよかったものの、そうではないと家臣間の売買を把握できないことになる。

しかも先の安堵状の買得目録をみると、一人の売り主から買得する所領は「三段」や「一段」と比較的小口である。このくらいなら大名側に気づかれないまま、いわば〝こっそり〟と所領を増やすことができる。しかし、塵《ちり》も積もれば山となる。分国法で家臣の所領売買が禁じられていても、所領売買はおこなわれていたと考えている。

これまた戦国大名にとっては、悩ましい問題だったのである。

「義元の死」と今川家の「所領売買」対策

三河はかつて松平家によって支配されていた。しかし徳川家康の祖父松平清康《きよやす》が安祥城《あんじょう》（安城市）から居城を岡崎へ移したころがピークであり、家康の父広忠《ひろただ》の代に衰退する。そのころ駿河の今川家の力を借りなければ領国を維持できないほど弱体化し、まだ竹千代と呼ばれていた家康が今川家の人質として駿府（静岡市）で幼少時代を過ごした話は有名だ。

松平家の居城だった岡崎には今川家の代官が入り、天文二十二年（一五五三）ごろから今川家の領国となった。

あまり知られていないが、このころから義元は本国の駿河・遠江の支配を嫡男の氏真に委ね、自身は三河守《みかわのかみ》の叙任を朝廷へ願いでて、三河の支配に専念するようになる。義元は馬にも乗れない軟弱な武将だったとよくいわれるが、そうではない。みずから新たな占領地（三河）の支配を買ってでるくらいだから、なかなかどうして勇猛果敢なところがある。

おそらく今川家が三河を押さえなければ、尾張の織田家に席巻されていたであろう。

しかし義元は永禄三年（一五六〇）、その年に尾張平定を成し遂げたとされる信長に桶狭間で討ち取られてしまう。ついでながら義元が尾張に攻め入ったのは、上洛を遂げ、天下に号令する野望を抱いていたからではない。

すでに尾張侵攻の拠点である大高城《おおたか》（名古屋市）などをもうけていた今川家だが、その大高城がたびかさなる織田勢の攻勢によって危機に瀕しており、義元はその大高城を救援し、その勢いを駆って一気に尾張侵攻を図るため、大軍を率いて駿府を発ったのである。

それなのになぜ、義元が上洛を志していたと誤解されるようになったのか。小瀬甫庵《おぜほあん》著の『信長記《のぶながき》』（太田牛一《おおたぎゅういち》著の『信長公記《しんちょうこうき》』を参考に書かれた）に、

「ここに今川義元は天下へ（諸将を）斬りて上《のぼ》り、国家の邪路《じゃろ》（邪道）を正さんとて、数万騎を率し、駿河国をうち立ち（後略）」

と書かれているからだ。

甫庵が『信長記』を書いたのはすでに徳川の時代になってから。当然、信長が上洛して天下に号令をかけた事実を知っているから、義元も上洛を志したにちがいないと曲解したのであろう。しかもこの『信長記』は誇張や脚色があり、そのぶん読み物としては面白いので、その内容が後世に史実として伝わってしまったのである。

さて、その桶狭間の合戦で義元が討ち死にし、今川軍の先鋒に属していた家康はその混乱に乗じて岡崎城を取り戻すことに成功する。以降、家康は清洲城《きよす》（清須市）で織田家と同盟を結び（これを清洲同盟という）、氏真の代になって大きく揺らいだ三河の平定に乗り出すことになる。

清洲同盟の結果、家康は今川家と関係断絶することになり、まず西三河一帯を制圧し、東三河でも今川勢と激しい戦いが繰り広げられた。

そのころ氏真は動揺する三河を安定させようと、三河の国人衆へ安堵状を乱発する。その安堵状の中に買地安堵が含まれている。

たとえば桶狭間の合戦のあった年の九月、氏真は重要な今川方の拠点であった牛久保《うしくぼ》（豊川市）の岩瀬雅楽助《いわせうたのすけ》に対して、「永代売買」によってえた所領の安堵を申し出ている。

若狭武田家の場合、あくまで所領を買得した家臣側の申請にもとづいて戦国大名が安堵状を発給しているのに対して、このケースでは氏真が主体的に家臣の買得地を安堵している。主体が戦国大名側にあるぶん、若狭武田家の場合より進んだ政策のように思えるが、これは領国が動揺しているという非常事態に備えた緊急措置に過ぎない。しかも永代売買した土地すべてを安堵するというのだから、軍役負担を決める際の原本となる買得地目録が家臣の岩瀬側から提出されたかどうかも定かではない。

あくまで非常事態に際して家臣の機嫌をとり結ぶために、安堵状を乱発しているに過ぎないのだ。結果、氏真は三河全土を失い、さらには永禄十一年（一五六八）十二月十二日、駿河の最後の防衛線である薩埵峠《さった》（静岡市）も武田信玄の軍勢に破られて、翌日、父祖代々の本拠地である駿府を捨てて遠江《とおとうみ》の掛川城へ逃走。そのあと、掛川城も家康に明け渡して流浪の身へと転落するのである。

一方、桶狭間で今川勢を破り、破竹の勢いの信長はやがて上洛を遂げ、畿内で織田政権を確立する。

その信長は、家臣の所領安堵に対して強気であった。永禄六年（一五六三）というから、桶狭間の合戦の三年後のこと。加藤延隆《のぶたか》に安堵状をだしている。この加藤延隆も第1章で述べた地侍である。

信長は安堵状に、

「このたび国中闕所候儀申しつけるといえども、代々免許これある上は、別儀あるべからざる」

とあり、延隆が買い取った田地をすべて安堵するといっている。義元のケースとちがうのは「国中闕所」を申しつけている点。つまり申告がない土地については闕所（所領没収）になる旨、尾張国中に申しつけているが、申告があれば、これまでどおり買地安堵を認めると述べているのである。しかもこの文面のあと、信長は買得地目録を出すように延隆へ迫っている。

表現こそ穏やかながら、もし買得地目録を提出しなければ、所領すべてを没収するぞと脅しているのだ。延隆にしたら、そうなっては困るから、買得地目録を出すしかない。

桶狭間の合戦の勝利で織田家は勃興し、逆に大敗した今川家は没落の道を歩んだ。戦国時代を生きのびる権力と没落する権力のちがいは、このように社会経済史の面にも現われているといえよう。

終章

「武家関白家」と近世の幕開け

戦国時代末期は文化史的には「安土桃山時代」といわれるが、政治史や社会経済史では「中近世移行期」と呼ぶ。とくに社会経済史を専門とする学者の間で頻繁に使われる用語に思える。それは織田信長・豊臣秀吉・徳川家康の三傑が歴史の表舞台に現われ、徳川政権が発足するに至るまでの時代とほぼ重なり合う。

本稿を締めくくるにあたり、中世と近世はどこがどうちがうのか、その移行期に現われた歴史的事実を踏まえ、考え直してみたいと思う。

ご承知のとおり、秀吉は天下統一を成し遂げ、天皇の委任を受けて、関白として日本全土を統治した。その権限は、それまで藤原摂関家が事実上世襲していた関白とはちがう強大なものであった。

そのことは、秀吉の発言に現われている。

秀吉は、これまで関白職は近衛家・二条家・九条家・一条家・鷹司《たかつかさ》家の計五摂家で「廻り持ち」してきたことは「おかしき次第」だといい、五摂家《ごせっけ》では一国も斬り従えられないから「(彼らより)少しはましに候はんやと存じ、(豊臣家が関白職を)御請《う》け申し候」(『駒井日記』）と結んでいる。

それまでの関白は天皇の代理として朝廷の政治をとりしきってきたものの、天下を斬り従える権限を有していなかった。有していないというより、それだけの力を持っていなかった。したがって秀吉が、五摂家に一国も斬り従える力がないといったのは正しい。武力によって国内を静謐《せいひつ》に保つ権限――これを天下静謐執行権限と呼ぶが、この権限は征夷大将軍が有していた。秀吉がくだんの発言をおこなうのは、室町幕府最後の将軍足利義昭が秀吉から一万石の知行をたまわり、事実上、将軍の権限を放棄したあとのこと（ちなみに義昭は死去をするまで将軍職を手放さなかったといわれる）。

つまり秀吉は万機に関（預）かり白（申）す関白職に、この天下静謐執行権限を加えた事実を天下に公言したとも解される。すでに関白豊臣家が天下を統《す》べていた事実に変わりはないとはいえ、これで法的にも秀吉は武家政権史上、最高の権力をえたことになろう。この秀吉の関白職を「武家関白」と呼ぶ。

秀吉ははじめ征夷大将軍になろうとしたが、なれなかったので関白で我慢したという言い方をされる場合もある。しかし筆者は、誤りではないかと考えている。

江戸時代の儒学者林羅山《はやしらざん》が書いた『豊臣秀吉譜』によると、秀吉は将軍義昭に養子縁組を断られ、右大臣菊亭晴季《はれすえ》に相談した結果、「関白は人臣の高爵」であり、将軍職より「士民之衆」の尊崇を集める官職だといわれ、関白に飛びついたことになっている。だが、この話は羅山が徳川将軍家の権威をあげるため、「将軍職はあの太閤秀吉も望んでなれなかった官職だ」と世間に吹聴《ふいちょう》するために事実を曲げた疑いがあろう。

晴季が秀吉の関白就任のために暗躍したのは事実だが、『多聞院日記』によると、一時、秀吉に「将軍ノ官」を授けようという勅定《ちょくじょう》が下ったものの、秀吉は断っているのである。

また、秀吉の天下統一によって「公儀」（公権力）という考え方が一般民衆に定着することになったと考えられる。戦国時代前期には本文でも述べたとおり、庶民にとって「公方」というのは将軍ではなく、自分たちの土地の領主を指していた。それが秀吉の時代には、ヒエラルキーの頂点に君臨する武家関白家もしくは武家関白家を中心とする政権が公儀となり、江戸時代に徳川政権を公儀とする考えに繋がったといえよう。

畿内を中心に信長が織田政権を確立させ、その信長の死後、秀吉と柴田勝家がその継承者の地位を争っていた当時、諸大名は公儀の継承ではなく、あくまで織田家内部の跡目争いであるとみていた節がある。現に将軍義昭は信長によって京を追われたあとも、毛利家領内で御内書《ごないしょ》を発し続け、秀吉と勝家の両陣営を天秤にかける動きをみせている。いまだ足利将軍家は公儀として細々とながら余命を保っていた。したがって秀吉が織田家を継承して豊臣政権を発足させても、織田家から天下（公儀権力）を奪い取ったという言い方はされない。だが、家康の場合はちがう。すでに公儀であった豊臣家から権力を簒奪《さんだつ》したからである。

関ヶ原の合戦をひかえたころ、豊臣政権の奉行から家康を非難する弾劾状が発せられた。その内容は家康が当時の公儀である豊臣秀頼をないがしろにしているというものであり、家康を中心とする東軍諸将はいわば〝逆賊〟の誹《そし》りを覚悟しなければならなかった。

以上、政治史的にみると、強大な武家関白家の出現が一気に中世から近世へ、一気にその扉をこじ開けたといえよう。

それは社会経済史的にしても同様である。

信長が義昭を奉じて上洛し、相次いで畿内とその周辺を支配し、越前検地に代表される先取的な政策を実行することになった。しかし本国の尾張においては、依然として旧領安堵や新しい所領の宛行いという慣行に頼らざるをえず、家臣といえども所領にもどれば領主であった。

一方、戦国大名らは段銭の徴収などを通じ、領民の意識を大名自身へ向けさせ、大名家が領国のヒエラルキーの頂点に君臨している事実を知らしめる努力を惜しまなかった。また領民らの要請にもとづき、村々に「乱暴狼藉停止」の制札を掲げるのも、礼銭稼ぎが目的という以上に、領国の隅々にまで領主権力を浸透させる狙いがあったといえる。

さらには道路の築造や堤の改修などの公共工事をおこない、楽市楽座政策などによって城下を繁栄させることにも積極的だった。

現代風な言い方をすると、こうして領民が豊かに暮らせる努力もおこなっている。本稿でなんどか説明してきたと思うが、領主として年貢や段銭などを領民から徴収するには領主らしいことをしなければならない。いくら戦国時代といえども、ただ武力による脅しだけでは領民たちは納得しなかった。大名にとっても、農民が他領へ逃散《ちょうさん》して農地の作り手がいなければ収入源もなくなってしまう。

同時に大名らは家臣らの城下集住《しゅうじゅう》を図り、家臣と所領を切り離す政策も進めた。信長の死後、次男の信雄が織田家の本拠地尾張において、ひとつの村を複数の家臣の所領とする政策を推し進めたのも、同じ理由からである。家臣の所領をこま切れにすることによって、家臣と所領との関係が希薄になるからである。こうして少しずつ近世への扉が開けられていった。

とくに信雄が代替わりとほぼ同時に、前述した尾張の土地改革に着手したことは評価できよう。

しかしながら、土地の占有権をめぐる問題はそのまま据え置かれた。とくに問題なのは、土地の純利益を中間搾取、つまりピンハネする地主の存在であった。彼ら、武士なのか農民なのかわからない階層を農民身分に固定しなければ、効率のいい封建支配体制は築けない。いいかえるとそれは、その分配率は別として、土地の純利益を「士」と「農」の二階層だけで分け合う方策である。その実現のためにおこなった「太閤検地」の結果、測量にもとづいて検地帳を作成し、帳簿に記載された数字だけで所領を動かすことも可能になった。こうして中世の残滓《ざんし》が拭い去られ、のちに幕藩体制といわれる支配体制が誕生するわけだから、やはり強大な権限を有する武家関白家の出現が社会経済史的においても、大きな意味をもっているのはたしかである。

だが社会経済史の場合、動きはすべて緩やかである。太閤検地を実施したからといって、すぐその翌日から地主が地代を徴収できなくなるわけではない。

実際に彼らはあの手この手で、自分たちの既得権益である地代を確保しようとした。その詳細な手口をここで述べる紙数的な余裕はないものの、第1章で紹介した和泉国熊取の

重要文化財として現在も残る「中家住宅」（熊取町教育委員会提供）

地侍中家は太閤検地によって確定された検地高と、その後の生産力向上によってもたらされた差額を引き続き地代として徴収している。

戦国時代に地侍として栄えた者の一部は、こうして江戸時代を通じて事実上の地主として生き残り、明治維新後も寄生地主として日本経済の中で重要な位置を占めるものと考えている。

著者略歴
跡部　蛮（あとべ・ばん）
歴史研究家・博士（文学）
1960年大阪市生まれ。立命館大学経営学部卒。佛教大学大学院文学研究科（日本史学専攻）博士後期課程修了。出版社勤務などを経てフリーの著述業に入る。戦国・江戸時代を中心に週刊誌・月刊誌、そのほか多くの著書でさまざまな新説を発表している。また、別名で社会経済分野のノンフィクションも多数。主な著書に『秀吉ではなく家康を「天下人」にした黒田官兵衛』『古地図で謎解き　江戸東京「まち」の歴史』『信長は光秀に「本能寺で家康を討て！」と命じていた』（いずれも双葉新書）などがある。

戦国武将の収支決算書

2015年4月1日　第1刷発行

著書　跡部　蛮
発行者　唐津　隆
発行所　株式会社ビジネス社
〒162-0805　東京都新宿区矢来町114番地 神楽坂高橋ビル5階
電話　03(5227)1602　FAX　03(5227)1603
http://www.business-sha.co.jp

〈装丁〉常松　靖史
〈本文DTP〉エムアンドケイ
印刷・製本／株式会社廣済堂
〈編集担当〉本田　朋子　〈営業担当〉山口　健志

ISBN978-4-8284-1808-7